Le Sexe des hommes

DR HÉLÈNE SUSSMAN
DR RONALD VIRAG

LE SEXE DES HOMMES

le cherche midi

Ouvrages du Dr Ronald Virag

Papavérine et Impuissance : la voie pharmacologique, Éditions du CERI, 1987
L'Homme qui marche ou l'Impuissance vaincue, La Table ronde, 1990
Le Sexe de l'homme, Albin Michel, 1997, 2005, 2011
La Pilule de l'érection et votre sexualité : mythes et réalités, Albin Michel, 1998
Histoires de pénis : les maux du sexe, Albin Michel, 2003
Les Injections intracaverneuses, John Libbey Eurotext, 2004
Érection, mode d'emploi, Éditions Clément, 2013
« Prescrivez-moi du bonheur » : ces hommes qui ont vaincu l'impuissance, Hugo Doc, 2016

Les bibliographies scientifiques du Dr Virag et du Dr Sussman sont disponibles sur Google Scholar.

Pour toute correspondance : ceti.duras@wanadoo.fr

Ouvrage édité par Olivia Recasens

Vous pouvez consulter notre catalogue général
et l'annonce de nos prochaines parutions sur notre site :
www.cherche-midi.com

92, avenue de France
75013 Paris

Conception graphique : Justine Dupré
Composition : Peter Vogelpoel
Dépôt légal : novembre 2023
ISBN 978-2-7491-7918-6

À la mémoire de nos amis
Bernard Lobel et Max Dubernard
trop tôt disparus, et qui les premiers
ont cru à notre démarche novatrice.

SOMMAIRE

AVANT-PROPOS

Pourquoi ce livre et pour qui ?

Ce livre est destiné aux hommes comme aux femmes. Car il milite pour une meilleure prise en charge d'un problème de santé négligé, voire ignoré, parce que considéré comme réservé aux autres.

Enfin, c'est une belle histoire, celle d'une révolution médicale accomplie par des médecins de terrain, qui ont bousculé toutes les idées reçues sur l'origine des troubles sexuels masculins et leur ont apporté des réponses efficaces. Nous avons souhaité la raconter à la façon d'un morceau de piano joué à quatre mains, par un homme et par une femme. Deux médecins aux parcours singuliers qui se sont rencontrés il y a bientôt quarante ans…

Qui sommes-nous ?

Lui, c'est « R. » pour Ronald.

Je suis né en 1938, de parents juifs hongrois, fraîchement naturalisés français pour des raisons footballistiques et pour échapper à l'Anschluss. Il ne faisait pas bon, à Vienne, de jouer au football avec un maillot frappé de l'étoile de David. Cela recommença en France en 1940 et, pensant me protéger, mes parents me firent baptiser. Élevé dans l'univers catholique d'un collège huppé, puis dans un lycée parisien renommé, je me suis retrouvé à 16 ans le bac en poche, sans véritable projet de vie. Ma judéité génétique, qui pousse toujours vers le haut, et le rêve d'une mère persuasive m'entraîneront vers des études de médecine. Plus tard, j'ai choisi la chirurgie cardio-vasculaire, la plus en pointe à l'époque. Les orientations sont souvent le fruit de rencontres. Mon ambition d'une carrière hospitalo-universitaire s'est trouvée freinée par deux événements concomitants : la nécessité d'assumer une famille et la non-obtention du poste hospitalier que je convoitais. Je me suis orienté alors vers le secteur libéral, non sans regrets, car j'avais goûté, durant les quatre années passées à l'hôpital Broussais à Paris, au démon dévorant de la recherche. À l'époque, sans Internet, on se tenait informé de l'actualité médicale via la presse spécialisée et la fréquentation des bibliothèques. C'est ainsi qu'en 1976, j'ai lu la très courte analyse d'un article relatant l'existence d'une intervention pour ramener du sang dans le pénis des hommes en panne d'érection. Passionnant pour un chirurgien vasculaire en mal de recherche. Comme souvent, ce sont les patients qui vous poussent : « Alors docteur, on ne peut vraiment rien faire pour moi ? » J'ai relevé le défi. Pourquoi ne pas tenter cette nouvelle intervention ? Une rencontre avec Gérard Zwang, le père de la sexologie en France, a été décisive : il m'a appris qu'une équipe la pratiquait déjà à Montpellier, et il a senti que ma formation de chirurgien cardio-vasculaire et mon goût pour la recherche seraient primordiaux pour sortir le sujet de l'ornière du tout psychologique. C'est ainsi qu'en 1978, une trentaine de médecins s'est retrouvée à New York, autour de Vaclav Michal[1], le chirurgien tchèque qui avait proposé ladite opération. J'ai compris alors deux choses fondamentales : le caractère pluridisciplinaire du sujet et le poids des préjugés qui le bridaient. Des échanges fructueux, en particulier avec un professeur de physiologie danois, Gorm Wagner[2], me décidèrent à consacrer l'essentiel de mon activité aux hommes en mal d'érection. Recherches bibliographiques, constitution d'une équipe et consultations aboutiront à la création de ce qui demeure, quarante années plus tard, le centre de référence de l'exploration et du traitement de ce que l'on appelle maintenant pudiquement les « troubles de l'érection ». En 1981, au cours d'une intervention chirurgicale sur le pénis d'un quinquagénaire, je découvris que la papavérine[3], une substance ancienne déjà utilisée communément pour dilater les artères, pouvait

---

1. Vaclav Michal. Ce chirurgien spécialisé en microchirurgie vasculaire, a été l'initiateur en 1976 de l'approche vasculaire des troubles de l'érection. Il a imaginé une intervention destinée à amener du sang dans les corps caverneux du pénis par l'intermédiaire d'une artère de la paroi abdominale, l'artère épigastrique, détournée et branchée directement sur l'un des deux corps caverneux du pénis.

2. Gorm Wagner (1930-2018). Professeur de physiologie danois, pionnier de l'étude scientifique des troubles sexuels. Il a accompagné toutes nos recherches initiales. Nous avons fondé ensemble avec Adrien Zorgniotti l'ISIR (International Society of Impotence Research) qui est devenu par la suite l'International Society for Sexual Medicine (ISSM).

3. Une substance issue, comme la morphine, du pavot.

provoquer une érection durable chez un individu anesthésié et qui n'en avait plus connue depuis longtemps. Après avoir vérifié sur moi-même l'efficacité du médicament, j'ai commencé à l'utiliser prudemment.

Presque un an plus tard, à l'instigation du même Wagner, j'ai publié les résultats de mon étude dans le prestigieux journal scientifique anglais *The Lancet*. Cette découverte a définitivement changé l'approche de l'impuissance. On pouvait soudain traiter par la médecine une maladie réputée irrémédiable et d'origine psychologique. Ma vie professionnelle, mais aussi personnelle, a alors basculé. C'est à cet instant que j'ai compris qu'il ne fallait jamais s'arrêter à ce qui est acquis, et mener au contraire une lutte permanente contre les idées reçues et l'indifférence si l'on voulait sauver des hommes en proie à un mal profond, aux implications sociétales immenses. Aujourd'hui ma passion est intacte, car les découvertes sur le sujet s'enchaînent, montrant notamment que l'érection chez l'homme, ce phénomène physiologique unique dans tout le règne animal, est, lorsqu'elle commence à se détériorer, un marqueur précoce de maladies à venir, en particulier sur le plan cardiaque.

Elle, c'est « H. » pour Hélène.

Je suis aveyronnaise, originaire d'un village du bassin minier de Decazeville. J'y conserve d'ailleurs la maison de ma famille maternelle, autrefois une boulangerie. Ma mère, normalienne, s'est très tôt mariée à un aviateur. J'ai été élevée à la dure par un père très machiste et une mère qui nous a donné, à ma sœur et à moi, le goût des études. Brillante dans les matières scientifiques, j'ai intégré le seul lycée qui proposait à l'époque aux jeunes filles des classes préparatoires à trois écoles mixtes : Supélec, ESPCI Paris et ENSCP. Je suis donc devenue docteur en chimie, avec déjà en moi un attrait certain pour la médecine… et peu d'intérêt pour les carrières offertes par mon diplôme. J'ai alors rencontré mon mari, un dirigeant d'entreprise marseillais. Et ce n'est qu'à 34 ans, alors mère de deux filles, que j'ai réalisé mon rêve : devenir médecin. Après un an de stage en gynécologie-obstétrique, je ne suis pas reçue à l'examen et je consacre donc une année supplémentaire à la médecine générale. Une amie médecin vasculaire me convainc d'embrasser cette voie. L'un de mes premiers stages de perfectionnement m'a conduite au centre médical de R. C'était deux ans après la publication de sa découverte sur l'action de la papavérine. J'avais déjà, lors de mon année de gynécologie-obstétrique, approché les problèmes sexuels qui pouvaient se poser dans un couple et qui pourtant n'étaient pas enseignés. Par ailleurs, l'approche vasculaire et pharmacologique de l'équipe naissante me séduisait, moi, future médecin vasculaire et ancienne ingénieure chimiste. R. et moi avons publié ensemble des travaux sur le sujet. Puis j'ai volé de mes propres ailes, créant un cabinet privé à Créteil, où une part importante de mon activité était consacrée aux troubles de l'érection. Il y a maintenant dix ans, je suis revenue à la maison mère pour poursuivre avec R. notre parcours complice.

H. et R. représentent, à eux deux, cent quarante-sept années de vie. Trente-cinq années de collaboration professionnelle durant lesquelles chacun a mené sa carrière de son côté. Mais depuis leur première rencontre, ils ont tant partagé qu'à un moment donné, récent, il leur est devenu indispensable d'en vivre ensemble tous les instants.

Ce livre est en définitive le récit de leur expérience et d'un dialogue permanent sur un thème touchant à l'intimité de tous les hommes et de toutes les femmes. Les deux souhaitent plus que tout faire comprendre ce qu'une médecine de qualité peut apporter aux couples d'aujourd'hui, quelle que soit leur composition.

CHAPITRE 1

Une journée ordinaire au CETI[4]

« Je n'ai jamais eu d'érection, comme quelqu'un qui est sans bras et qui sait qu'il n'a pas de bras… Comment voulez-vous que j'aie une femme ? »

Un jeune homme de 23 ans

Comme chaque matin, nous consultons notre planning du jour, c'est-à-dire la liste des patients atteints de dysfonctionnements sexuels. Nous discutons de ceux que nous connaissons déjà : les données techniques, leur espoir, leur désespérance, leur solitude ou les conflits de couple qu'entraînent leurs difficultés érectiles. Pour celui-ci, un traitement simple fonctionne et il faudra le renouveler ; cet autre, en revanche, est désespéré de l'échec d'une première tentative chirurgicale et son couple menace de se briser. Nous échangeons en vue de lui offrir une autre option. Ce dialogue est permanent. Chacun a son bureau de consultation, mais au cours de la journée, l'un va fréquemment solliciter l'avis de l'autre ou visionner sur

4. Acronyme de notre Centre d'exploration et traitement de l'impuissance.

son écran les données recueillies par une échographie ou un scanner. Quand tous les éléments d'un bilan ont été réunis, ils doivent encore être discutés et, pour les cas difficiles, présentés en réunion plénière de l'équipe.

En ce vendredi déjà très chargé, se sont greffées deux consultations urgentes, sollicitées par des femmes, l'une pour son fils, l'autre pour son frère. Le premier, âgé de 41 ans, est hémiplégique depuis ses 18 ans à la suite d'un accident sur la voie publique. Entièrement à la charge de ses parents, il vient de loin et doit être vu impérativement. Quant à l'autre, âgé de 43 ans, sa sœur nous a contactés, en pleurs, car il venait de lui avouer son mal-être de toujours et son envie de se suicider. Ces deux femmes les accompagneront jusqu'à la salle d'examen.

Marc est handicapé depuis vingt-trois ans. À force de volonté, il a réussi à remarcher, jusqu'à une nouvelle chute, en 2014, qui l'a ramené à la case départ. Aujourd'hui ce garçon, à l'intellect intact, a partiellement récupéré, et tous les jours il parle à sa mère de ses érections faibles. Après examen, R. lui confirmera que son handicap sexuel est en lien avec son accident et que l'on dispose de solutions potentielles. Sa mère nous annoncera dans un entretien téléphonique, le lendemain de leur visite, sa joie, déjà esquissée au terme de l'examen, de savoir qu'il peut retrouver, comme il le dit, « cette fonction essentielle ». Jusqu'alors, quelle que soit la structure médicale consultée, on les avait éconduits. C'est une conversation bouleversante qui se prolongera avec cette maman reconnaissante. Pendant qu'on examinait son fils, elle a passé une grande partie de l'après-midi en salle d'attente au milieu de nos patients. « Je n'imaginais pas que tant d'hommes, souvent jeunes, pouvaient avoir ce genre de problèmes. C'est si peu médiatisé et tellement important… »

Elle a ainsi croisé notre deuxième urgence du jour, Gaëlle, qui accompagnait son frère Michel, un grand gaillard de près de deux mètres, mais courbé par le désespoir. Quand on leur apprendra, au terme d'un premier examen, que l'on a identifié l'origine de son impuissance et que celle-ci est sans doute curable, la sœur voudra embrasser R., et Michel aura un immense sourire.

Cas extrêmes et histoires magnifiques d'amour maternel, de liens fraternels autour de la perte de la masculinité d'un être cher. « C'est normal », disent ces femmes quand on le leur fait remarquer. Elles rejoignent celles qui animent notre quotidien. Les rendez-vous pour monsieur gérés par madame. Les réflexions à la dérobée de tant de patients venus seuls : « Vous savez, docteur, c'est surtout pour elle que je me sens frustré et que je souhaite me soigner. » Ce sont aussi ces couples qui consultent ensemble, et où l'on voit la femme répondre à nos interrogations sur leur vie intime, et l'homme demeurer silencieux, comme tétanisé par l'enjeu de la consultation. D'autres fois, à chaque question, l'homme regarde sa compagne avant de répondre C'est encore madame qui insiste pour appréhender les tenants et aboutissants du diagnostic et du traitement proposé. Et quand l'homme consulte seul – le cas le plus fréquent –, c'est la compagne existante ou future qui apparaît en filigrane de la conversation.

Dans l'immense majorité des cas, la motivation est le désir de la réalisation harmonieuse d'une relation débutante, l'espoir de la continuation d'une union que la dysfonction sexuelle menace, et surtout la crainte d'une rupture[5]. Nous sommes très loin de la caricature du prédateur égoïste qui ne pense qu'à son plaisir. Loin aussi de la déconstruction programmée de la relation homme/femme. La liberté et l'égalité au sein du couple ne sont en rien diminuées par la puissance de l'affectif et de l'attirance sexuelle, qui demeurent des constantes biologiques incontournables. Certes, tout n'est pas toujours rose dans les couples que nous voyons ou dans ce qui est évoqué par ceux qui consultent seuls. Cependant, la compagne ou le compagnon est omniprésent, quoi qu'il arrive. En positif comme en négatif.

Cela nous a convaincus que ce plaidoyer pour la prise en charge efficace des si fréquents troubles de l'érection devait s'adresser en premier lieu à vous, mesdames. C'est vous qui connaissez le corps humain bien mieux que votre compagnon ; vous qui savez le préserver, vous qui avez enfanté tous ces hommes qui aujourd'hui ont si peur de ne pas être à la hauteur.

Prouve que tu es un homme

« Prouve que tu es un homme, tel est le défi permanent auquel un homme est confronté », déclare avec justesse Élisabeth Badinter[6].

---

5. Voir chapitre 7 : « L'importance de l'autre ».

6. Élisabeth Badinter, *XY, De l'identité masculine*, Paris, Odile Jacob, 1992.

Dans cette affirmation qui résume l'histoire millénaire des rapports entre l'homme et la femme, l'érection est depuis le fond des âges l'élément essentiel, on peut même dire structurant. Elle apparaît dès les premières peintures rupestres (la scène du Puits de Lascaux) et reste présente dans les représentations phalliques de toutes les civilisations.

H. à R. : Tu sais, cet après-midi, j'ai vu un patient qui a choisi de ne pas avoir de rapports sexuels, il satisfait tout seul ses désirs.

R. : Mais alors pourquoi consulte-t-il ? Quel âge ?

H. : Cinquante-deux ans. Le manque d'érection le gêne et ça le démoralise. « Je bande donc je suis ? » Et : « Si je ne bande pas, ne suis-je pas vraiment un homme ? » On voit à quel point le manque d'érection déstabilise à tout âge.

R. : C'est un homme de 82 ans, très demandeur mais serein, qui me déclare : « Vous savez, docteur, avec ma femme nous faisons l'amour tous les jours et il y a bien d'autres moyens de la satisfaire… mais je vois bien que la pénétration lui manque. »

H. : Les reproches sont parfois plus vifs. Tu te souviens de Marcel V. qui nous racontait que sa femme n'était intéressée que par la pénétration ? « Pas de préliminaires, tout de suite être pénétrée », nous disait-il en soupirant… Ça le stressait énormément et le conduisait à l'échec.

D'emblée se trouve ainsi exposée la question du ménage à trois, constitué lorsque l'érection est comme déconnectée de son propriétaire. Aristote l'avait théorisé en indiquant que, selon lui, le pénis vivait sa vie propre. Le grand écrivain italien Alberto Moravia disserte, durant quelques centaines de pages, sur son pénis érigé en personnage principal de son roman[7]. De son côté, Belinda Cannone, dans son délicieux *Petit éloge du désir*[8], oscille entre l'amour qu'elle a pour son partenaire et le désir de sa verge, vecteur de son plaisir avec un hommage appuyé à la pénétration. « Harmonie corps-esprit », dit-elle.

Tous nos patients, seuls ou accompagnés, soulignent qu'un acte sexuel sans pénétration est incomplet, frustrant pour les deux parties. On verra qu'il y a souvent, lors du manque d'érection, interprétation divergente entre l'homme, malheureux de son infirmité, et la (ou le) partenaire qui le condamne d'un « si tu n'as pas d'érection, c'est que tu ne me désires pas », ou pire, « c'est que tu ne m'aimes pas ». Rien de tel pour augmenter l'angoisse de l'échec du prétendu coupable, avec des conséquences physiques importantes.

H. à R. : J'ai de nouveau expliqué à une jeune femme le fonctionnement de l'érection et les raisons probables de son insuccès alors que son compagnon visiblement n'a aucune anomalie. Aucun doute, il l'aime, mais au moment fatidique, il est paralysé par la peur d'échouer…

Lors de cette même journée, une mère accompagne son garçon 18 ans, anxieux après un rapport non protégé. Depuis, il a des douleurs dans le bas-ventre. Rien de sérieux, mais c'est l'occasion d'un rappel sur les risques non assumés de paternité, et de ses érections dans le futur. La maman attend sagement en salle d'attente. « Vous savez, c'est lui

---

7. Alberto Moravia, *Moi et Lui*, Paris, Gallimard, coll. Folio, 1974.

8. Belinda Cannone, *Petit éloge du désir*, Paris, Gallimard, coll. Folio, 2013.

qui a souhaité que je l'accompagne, il était impressionné de consulter pour "ça"... »

C'est notre quotidien. Apprendre à tous, à toutes, quelles que soient les raisons de la consultation et le niveau de culture de celui qui vous fait face, le fonctionnement du corps et son rapport à l'esprit.

H. à R. : Hubert, grand ponte dans une banque, toujours actif à 72 ans, m'a confié pendant que je l'examinais : « Vous savez, cela fait cinquante-deux ans que nous nous connaissons, ma femme et moi, je n'ai eu qu'elle et pourtant j'en ai eu des occasions... Elle ne se plaint pas, mais cela me chagrine terriblement de ne plus y arriver. Ce n'est pas le désir qui disparaît, c'est sa traduction physique. Ma libido qui flanche... »

R. à H. : C'est intéressant ce que tu me rapportes là : au même moment, j'avais en consultation un homme un peu plus jeune, la soixantaine, ambisexuel, et qui me contait les frasques d'une vie dissolue avec un homme qu'il aimait profondément, l'ayant progressivement entraîné dans la débauche. « À trois, puis à plusieurs... Les fêtes, les drogues... » Il me raconte : « Cela a duré plus de dix ans et un jour j'ai dit stop. Séparation très douloureuse, cinq ans d'abstinence, et aujourd'hui, maintenant que je me suis reconstruit, moi qui depuis l'âge de 15 ans n'ai jamais eu aucun problème, que ce soit avec des hommes ou de temps à autre avec des femmes, je n'y arrive pas. Je crois que je n'en ai même plus envie... »

La trilogie « infernale » : amour, désir, réalisation...

En fin de journée, nous ferons le point, échangerons nos impressions, partagerons les cas difficiles ou insolites, parfois non dénués d'humour et parfois dramatiques, comme celui de ce jeune de 27 ans qui n'en peut plus de se voir répéter que « c'est dans la tête ». Il est sous antidépresseur. Il a arrêté ses études. Littéralement, il met sa vie entre nos mains. Et H. lui découvrira une anomalie flagrante du système veineux l'empêchant de maintenir une érection rigide. Rien à voir avec « la tête », donc !

Chaque jour nous apprend quelque chose de la comédie humaine. Avec toujours, en filigrane, non pas comme pour Foucault, « le souci de soi », mais le souci de comprendre, de traiter et surtout de redonner l'espoir d'une vie meilleure.

CHAPITRE 2

L'érection : comment ça marche ?

> « *L'anatomie, c'est le destin.* »
>
> Nancy Huston (emprunté à Sigmund Freud ?)

Le genre masculin, quelle que soit l'orientation sexuelle de celui qui y appartient, se qualifie par ses organes génitaux. La verge en érection est le support essentiel de la masculinité.

N'en déplaise à Gustave Flaubert qui nous enjoint d'utiliser le terme d'érection uniquement pour la construction de monuments, il s'agit ici du phénomène qui fait passer le pénis de son état flaccide à la rigidité. Phénomène physiologique aussi automatique que la respiration ou les battements cardiaques, aussi perceptible que la faim, la soif ou l'envie d'uriner, l'érection occupe une place à part depuis les temps les plus anciens. L'organe érigé sera la verge des anatomistes, le phallus des philosophes, la bite[9] du peuple,

9. Terme de plus en plus présent dans la littérature non érotique comme en témoigne *Anéantir*, roman de Michel Houellebecq (Paris, Flammarion, 2021).

affublé de dizaines d'autres vocables – on songe à Pierre Perret ou à Frédéric Dard – qui en disent long sur le regard subjectif que tout un chacun y porte. Un incessant aller-retour, souvent schizophrène, entre le trivial et le sacré, entre concupiscence et extase. Bien sûr, *Homo sapiens* et peut-être même ses prédécesseurs hominidés ont vite compris à quoi servait et/ou aboutissait l'érection. Reproduction et plaisir. Une maline dualité qui a permis à l'espèce de croître et se multiplier comme aucune autre. Qui lui a permis de compenser, sans coup férir, les immenses pertes occasionnées par les cataclysmes, les guerres, les épidémies.

Pourtant objet de toutes les attentions, l'érection est longtemps demeurée mystérieuse, d'où, sans doute, sa sacralisation. Aristote lui-même affirmait que le pénis s'emplissait d'air pour devenir verge. Plusieurs siècles ont été nécessaires avant qu'elle ne passe du temple d'Esculape aux dissections clandestines de Léonard de Vinci et des anatomistes de la Renaissance. Il faudra encore attendre deux ou trois siècles et le développement de la médecine expérimentale pour que l'on commence à étudier cette fonction physiologique essentielle. Timides études obscurcies par la prévalence, en Occident, du tout spirituel et du diktat des religions du Livre, qui exigent de la cantonner à sa fonction reproductrice. Obscurcies aussi par la mainmise des philosophes et des psychiatres sur les causes de son non-fonctionnement. Impuissance. Nous y voilà.

Le manque d'érection est le creuset de ce qu'on appelait autrefois impuissance. Suivant la définition de l'OMS (Organisation mondiale de la santé), qui adopte pour la baptiser la terminologie édulcorée de « dysfonction érectile », c'est « l'incapacité permanente pour le pénis d'obtenir et/ou de maintenir une rigidité suffisante pour accomplir de manière satisfaisante un acte sexuel ». Quelques mots traduits dans toutes les langues, derrière lesquels se cachent des drames aussi secrets que nombreux.

Trente pour cent…

Trente pour cent de la population masculine mondiale, tous âges confondus, présentent des troubles de l'érection. Soit neuf millions de nos concitoyens. Avec une telle prévalence, accordez-nous qu'il s'agit d'un véritable problème de santé publique, pour parler en termes économiques, ou plus globalement un problème sociétal, pour parler en sociologue ou en philosophe. Mais pour nous, médecins, il s'agit essentiellement d'un problème humain que nous rencontrons chaque jour. Un problème qui mine la vie des individus qui en souffrent, au point que 30 % de ceux qui nous consultent menacent de se supprimer. C'est ce qu'une étude récente vient de révéler.

Le paradoxe criant est qu'aujourd'hui, « l'impuissance est vaincue[10] ». Il existe des traitements efficaces développés à partir des découvertes de quelques pionniers depuis les trente dernières années du XXe siècle. Conseils, mesures hygiéno-diététiques, molécules spécifiques par voie orale ou locale, traitements chirurgicaux peuvent être dispensés, après une évaluation rigoureuse des multiples étiologies du symptôme « manque d'érection ».

---

10. Comme l'affirmait déjà le sous-titre du premier livre grand public écrit par Ronald Virag, *L'Homme qui marche ou l'Impuissance vaincue*, Paris, La Table ronde, 1990.

Alors, tout va bien ? Eh bien, non ! Voici une pathologie très répandue qui peut être traitée efficacement, et pourtant la plupart de ceux qui en sont atteints n'ont pas accès à une médecine performante. Les patients cherchent en vain une prise en charge compétente. Faute d'attention médicale, ils se fourvoient dans des traitements inopérants, parfois dangereux. En effet, le développement de techniques d'évaluation et de traitements efficaces aurait dû se traduire par une rationalisation de la prise en charge. Or il n'en a rien été. En cause, trois éléments : le caractère toujours tabou de tout ce qui touche à la sexualité, y compris dans le milieu médical ; l'éclatement des intervenants en disciplines souvent étanches qui ne coopèrent pas entre elles ; et enfin, la prescription sans diagnostic précis – qui conduit à donner le même traitement à tous – du fameux Viagra, arrivé sur le marché en 1998, alors qu'il devrait exister un traitement personnalisé de la dysfonction érectile…

Nous sommes tous deux membres de l'Académie nationale de chirurgie, la plus ancienne institution scientifique française. En 2020, nous avons fait une communication dont le contenu a motivé ce livre : un vrai cri d'alarme[11].

On ne peut plus taire l'errance médicale inacceptable des patients, ballottés entre l'insuffisance diagnostique et une thérapie standard qui s'avère désespérante quand elle ne fonctionne pas. On verra plus loin comment l'échec d'un traitement simple, dont on annonce imprudemment le succès,

11. Communication à l'Académie nationale de chirurgie, Ronald Virag, Hélène Sussman et Éric Allaire, le 6 février 2020.

augmente le désarroi lorsqu'il s'avère sans effet. Devant l'incapacité ou l'absence de la médecine « officielle » à résoudre leur problème, les patients se perdent sur la Toile, dans le labyrinthe des offres contradictoires, le plus souvent charlatanesques, mais séduisantes car simplifiant le réel au détriment des données scientifiques.

Dans notre centre médical consacré à la prise en charge des troubles de l'érection, à raison d'environ 500 nouveaux patients chaque année, ce sont plus de 20 000 d'entre eux que nous avons traités et suivis. Une goutte d'eau dans l'océan des demandeurs potentiels. Mais forts de cette expérience maintenant vieille de quarante ans et sans doute unique, nous pouvons dresser ici un état des lieux objectif et formuler des propositions pour la prise en charge rationnelle d'une pathologie traumatisante qui brise tant de vies. Un sujet dont personne ne nie l'importance dans les conversations privées, et qu'en public, tous, et surtout les décideurs, font mine d'ignorer ou de minimiser pour éviter de les aborder. Ils trouveront ici un éclairage cru dont la force, nous l'espérons, les conduira à enfin bouger. Le dramatique, quelquefois aussi le tragi-comique, des situations est permanent. La fréquentation quotidienne d'hommes dans le désarroi, la détresse des couples, l'incompréhension des plus jeunes devant une telle situation, nous en ont tellement appris sur l'humain !

Le logo du site Web de notre centre est devenu une sorte d'emblème, encadré et affiché dans notre secrétariat-salle d'attente. Il figure des fleurs de pavot stylisées évoquant la papavérine. L'une se dresse fièrement et l'autre est fléchie : l'érection et son absence ! En surimpression, on peut lire la phrase de Françoise Sagan, recueillie au détour de l'un de ses romans (*De guerre lasse*) : « Le sexe sans amour, ce n'est pas le paradis ; l'amour sans sexe, c'est l'enfer. »

Une mécanique complexe

Comme le chantait Brassens, « la bandaison papa, ça n'se commande pas[12] ». Et rien n'est fait pour que les médecins eux-mêmes soient informés du fonctionnement de l'érection. C'est l'objet de discussions fréquentes entre H. et R.

R. à H. : Je me souviens que, jeune étudiant en médecine, je compulsais fébrilement mon livre d'anatomie à la recherche d'une description de mon propre pénis. Déception après avoir constaté que seule une demi-page très elliptique lui était consacrée.

H. à R. : Ça n'a pas changé, tu sais ; mon petit-fils Samuel m'a montré son polycopié de physiologie pour l'examen de deuxième année de médecine : quatre lignes sur le sujet, et encore bourrées d'erreurs... Pourtant, nous sommes près de cinquante ans plus tard, et des milliers d'études ont été publiées dans la presse scientifique[13].

R. à H. : L'université n'a toujours pas intégré la thématique dans le cursus des études secondaires, ni même en médecine.

---

12. Georges Brassens, *Fernande.*

13. Le 25 mai 2020, quand nous avons commencé la rédaction de cet ouvrage, on recensait sur la plateforme PubMed, qui compile toutes les publications scientifiques dans le domaine médical, 12 500 documents concernant l'érection.

Regarde l'étonnement des uns et des autres quand on présente nos résultats devant certaines sociétés savantes. Parfois, j'ai l'impression de parler une langue étrangère. Et c'est encore pire pour le grand public. Souviens-toi de ce polytechnicien qui s'étonnait en m'entendant lui expliquer que, lors de l'érection, c'était du sang qui remplissait sa verge !

Un rappel succinct du mécanisme complexe de l'érection est donc indispensable avant d'aborder les causes de ses dysfonctionnements. Trois chambres distinctes composent le pénis : deux corps caverneux accolés comme deux canons de fusil, qui entourent un corps spongieux qui contient l'urètre et qui s'évase pour former le gland. Deux tiers de l'organe sont mobiles et apparents. Un tiers est enchâssé dans le périnée et repose sur le bassin, où il trouve un appui solide pour se dresser lors de l'érection.

Que se passe-t-il alors ?

Les deux corps caverneux, constitués de milliers de logettes, s'emplissent de sang entraînant une élévation de la pression à l'intérieur de l'organe, modifiant sa longueur et sa circonférence : d'abord turgescent, puis totalement rigide par le jeu de la pression sanguine exercée sur les veines, qui se ferment pour assurer l'étanchéité du système. En quelques secondes, c'est comme si le volume de liquide contenu dans une bouteille de Coca-Cola s'y déversait, conduisant à la rigidité. L'animal humain est le seul mammifère à ne pas posséder de squelette pénien pour soutenir cette indispensable raideur. Il doit cette particularité à la structure singulière entourant les deux cylindres érectiles. Épaisse de 1,5 à 2 millimètres, faite de deux couches d'un tissu élastique qui s'apparente à celui des tendons, l'albuginée rythme comme un accordéon les mouvements du pénis. C'est dire toute l'importance de son intégrité.

Parfois, un défaut durant le développement embryonnaire peut entraîner, lors de l'érection, des déformations appelées courbures congénitales, lesquelles peuvent être facilement corrigées par la chirurgie. Au cours de la vie, l'albuginée subit des traumatismes variés, improprement nommés fractures de la verge, conduisant en fait à des courbures et/ou des rétrécissements plus ou moins invalidants; c'est la méconnue maladie de La Peyronie, du nom de ce fameux chirurgien de Louis XV[14].

Comme pour tous les organes, ces modifications anatomiques sont commandées par une innervation motrice et sensitive assurant la perception et le ressenti : un va-et-vient permanent entre cerveau et pénis. Localement, à l'échelon cellulaire, un système biologique complexe entretient les conditions nécessaires au maintien de l'érection. Pour faire simple, la musculature lisse qui compose les organes érectiles est contractée lorsque la verge est flaccide; elle se relâche sous l'emprise des stimuli sexuels pour laisser le sang inonder les milliers de logettes (cavernes) qui sont tapissées d'un tissu spécialisé (endothélium) produisant les substances adéquates pour la poursuite du processus érectile. On pense aujourd'hui que c'est cet endothélium qui est le premier touché par

---

14. François Gigot de La Peyronie fut le chirurgien de Louis XV, et, avec Georges Mareschal, l'un des fondateurs de l'Académie royale de chirurgie, aujourd'hui rebaptisée Académie nationale de chirurgie.

les effets néfastes des facteurs de risque vasculaire, et que l'érection en est la première affectée. On y reviendra, car nous avons développé un test spécifique pour en évaluer le fonctionnement.

Le rôle si important de la testostérone

La testostérone est un maillon essentiel, non seulement de l'érection, mais de la sexualité en général et de l'ensemble de l'équilibre de notre organisme. En effet, ce que la *vox populi* nomme libido dépend beaucoup du taux sanguin de la testostérone produite par les testicules, ce que l'on savait de longue date. De plus, on a découvert qu'à l'intérieur des corps caverneux du pénis existent des récepteurs cellulaires hautement sensibles à la testostérone et qui agissent sur la musculature lisse.

On comprend mieux l'importance de cette hormone dans le mécanisme érectile et la réponse potentielle aux médicaments favorisant l'érection. Cela n'avait pas été perçu dans les premiers temps de l'utilisation du Viagra et a été responsable de nombreux échecs. On verra plus loin que pour que cette classe de médicaments fonctionne, il convient que le taux sanguin de la testostérone soit suffisant. Ainsi, cette hormone fait partie intégrante du fonctionnement du système. La diminution de sa production par les testicules va de pair avec le vieillissement général de l'organisme. Or, pour un homme, le premier signe de ce vieillissement hormonal est presque toujours la diminution de la qualité de ses érections.

En outre, la testostérone a un rôle ubiquitaire dans l'organisme. Elle intervient dans le métabolisme de nombreux tissus : osseux, musculaire, cardio-vasculaire, cutané et aussi cérébral. Des études récentes montrent que la diminution de sa production commence assez tôt, parfois dès la trentaine, mais plus nettement après 40 ans. Ainsi, la diminution de la testostérone est déterminante dans le processus de vieillissement de tous nos organes. On en a fait un syndrome bien identifié, nommé DALA (acronyme de Déficit androgénique lié à l'âge). En miroir de la ménopause, on a médiatisé le terme d'andropause, lequel est totalement erroné puisqu'il n'y a pas, comme chez la femme ménopausée, interruption des capacités de reproduction.

Lorsqu'elle est manifeste, la baisse de la testostérone est responsable de très nombreux symptômes, liés à l'ostéoporose ou à la dépression. Elle favorise également la survenue de nombreuses pathologies cardio-vasculaires. Bien plus, une étude menée durant dix-sept ans montre qu'avoir une testostérone basse (inférieure à 2 nanogrammes par millilitre) entraîne un risque deux fois plus important de provoquer un accident cardio-vasculaire, et trois fois supérieur de développer un cancer. Bien évidemment, l'espérance de vie est réduite[15]. Cette diminution de la fabrication de la testostérone par les testicules vieillissants est accélérée et majorée par ce qu'on appelle les facteurs de risque vasculaire, et particulièrement

—

15. Andre B. Araujo, *et al.*, « Endogenous Testosterone and Mortality in Men: a Systematic Review and Meta-Analysis », *The Journal of Clinical Endocrinology and Metabolism*, vol. 96, n° 10, octobre 2011, p. 3007-3019.

l'obésité abdominale et le diabète. Cependant, sa diminution peut être compensée par l'administration de l'hormone manquante, disponible depuis les années 1960. Pour anticiper, soulignons que son efficacité est remarquable sur l'ensemble des signes du DALA.

Or la médecine officielle, celle qui recommande et régule, a restreint son utilisation d'une façon telle que l'accès à ses bienfaits potentiels est très limité. Un modèle d'archaïsme fondé sur deux dogmes : la testostérone est dangereuse pour le cœur, la testostérone provoque le cancer de la prostate. Cela a donné lieu à un débat académique intense des deux côtés de l'Atlantique. Avec des arguments robustes, on a pu tordre le cou à ces deux idées fausses, après une bataille de publications contradictoires, opposant le plus souvent cliniciens de terrain et statisticiens hors-sol.

Pourtant, la testostérone n'est toujours pas dosée dans les habituels bilans de santé. Sa réputation est encore sulfureuse à cause de son utilisation comme dopant sportif et de ses risques, pourtant bien circonscrits, de cancer de la prostate. Au lieu d'enseigner, on réglemente à tout va. On réserve sa prescription à quelques spécialistes, urologues et endocrinologues, comme si des médecins soumis à une formation continue obligatoire étaient ignares et irresponsables. Non, la testostérone ne « donne » pas le cancer de la prostate. Elle peut néanmoins booster un cancer débutant, d'où la nécessité, avant de la prescrire, d'en éliminer l'existence éventuelle. Non, la testostérone ne favorise pas les accidents cardio-vasculaires. Bien au contraire, elle est sans doute protectrice. Elle est en tout cas indispensable au fonctionnement correct de l'érection[16].

R. : Georges, 57 ans, que je suis depuis quelque temps, témoigne : « C'est fou cette histoire de testostérone, j'avais demandé à mon médecin traitant de me la doser : il m'avait répondu qu'il n'était pas habilité… Heureusement que j'ai vu votre vidéo sur YouTube. Pourtant, tout le monde m'a mis en garde contre les dangers… Dès la semaine qui a suivi, j'avais de nouveau la pêche au boulot et bien sûr le désir… Et ma femme qui disait que je ne la désirais plus… En plus, je n'ai plus ces périodes d'endormissement soudain et beaucoup moins de fatigabilité. Vous pensez que je pourrais continuer ? »

L'érection est donc, comme le disent les scientifiques, un phénomène neuro-hormonal et vasculaire. Son originalité, c'est son fonctionnement automatique, qui échappe à la volonté. On verra que notre cortex cérébral peut même influer négativement sur elle. Pour beaucoup d'hommes et nombre de leurs compagnes, cet organe singulier a sa personnalité propre et même souvent un sobriquet affectueux. Dans son ouvrage déjà cité, Belinda Cannone fait de Beloisot un personnage à part entière de son récit : « Je n'arrive pas à comprendre pourquoi je n'entre pas en érection quand on me stimule et qu'elle se produit à tout autre moment sans lien

---

16. Lors d'un traitement à la testostérone, deux précautions sont à prendre à des âges différents de la vie. L'une pour les sujets âgés : on mesure régulièrement le taux de l'antigène prostatique (PSA), car s'il augmente, il convient d'arrêter le traitement pour contrôler l'état de la prostate ; l'autre à tout âge quand arrive un projet de procréation, il faut savoir que la testostérone administrée freine la fabrication des spermatozoïdes par les testicules.

avec mon désir. » Nous le constatons tous les jours avec nos patients : ce qui suscite l'étonnement, c'est l'imprévisibilité de son fonctionnement.

R. : J'ai l'habitude, pour expliquer cela à mes patients, de leur poser une question qui leur paraît saugrenue : « Savez-vous pourquoi vous n'êtes pas en permanence en érection ? » Réponse bien sûr négative ; on ne l'apprend même pas sur les bancs de la faculté de médecine.

H. et R. commencent en général par des explications calquées sur le fonctionnement du moteur d'une automobile : l'allumage (démarreur et transmission de l'influx nerveux) et carburateur et injection (remplissage vasculaire). En ce qui concerne le maintien de la rigidité, ils revêtent la tenue du plombier pour expliquer la nécessité d'une bonde bien close afin de maintenir le sang à l'intérieur de l'organe érectile. Métaphore bien utile pour expliquer ensuite les dysfonctionnements.

Et la compréhension de ces phénomènes calmera bien des angoisses, surtout celle liée à son déclenchement capricieux. Comme la plupart des organes essentiels à la vie végétative : cœur, poumons, vessie, intestins, etc., le pénis est soumis à l'action ambivalente du système nerveux dit « autonome ». Il comprend une composante sympathique sous l'emprise d'un neurotransmetteur adrénergique ayant les propriétés vasoconstrictrices (qui réduit le calibre des vaisseaux) de l'adrénaline ; et d'une composante alternative, dite parasympathique, soumise à l'action vasodilatatrice de l'acétylcholine. De plus, il existe dans ce système des fibres convoyant les neurotransmetteurs indispensables au fonctionnement de l'érection.

Alors que se passe-t-il ? Hormis à certains moments particuliers (sommeil paradoxal, stimuli passifs ou provoqués), la verge, sous l'emprise permanente du système sympathique, reçoit des signaux adrénergiques qui contractent l'ensemble de l'organe. Il reste flaccide, calme si le cerveau ne reçoit aucun message positif le stimulant. Pour qu'il puisse s'ériger, il faut que le verrou sympathique saute. C'est-à-dire qu'à l'échelon cellulaire, il se produit une annulation des messages négatifs (pas d'érection) et une bascule vers des signaux chimiques facilitant sa survenue ; tout cela à l'insu de la volonté, de manière inconsciente. C'est une condition *sine qua non.* Dès lors, on comprendra aisément que toutes les situations augmentant la quantité d'adrénaline vont empêcher l'érection de se produire.

H. à R. : Pas toujours facile à faire entendre au commun des mortels ! Surtout que, comme pour ton polytechnicien totalement ignorant de sa physiologie, la plupart des hommes ne soulèvent le capot de leur voiture intime que lorsqu'elle tombe en panne…

R. à H. : Tu te souviens sans doute de la manière, en apparence farfelue, dont mon ami Stelios[17], spécialiste athénien du cerveau, nous avait interpellés un soir de brainstorming sur l'érection et les causes potentielles de sa faillite : « Hé, vous savez pourquoi les soldats d'Alexandre le Grand ne portaient rien sous leur jupette ? » Euh… [Sourires entendus

---

17. Stelios Nicolaïdis. Neurochirurgien et chercheur dont la carrière a été brisée par un grave accident l'ayant rendu tétraplégique.

en attente d'une trivialité de carabin.] « Non les gars, c'est sérieux. L'adrénaline guerrière empêchait toute érection… »

C'était il y a près de quarante ans, et Stelios avait tout compris du circuit entre le cerveau et le pénis. Il nous a permis de beaucoup et de rapidement progresser !

Les situations stressantes, et spécialement l'angoisse de l'impuissance, nourries chez ceux qui bandent mal par la répétition de ces échecs, aggravent la plupart des dysfonctionnements de l'érection.

On classe vite ces troubles dans la catégorie « psychogènes » alors que leur substrat est physico-chimique (un excès de substances vasoconstrictrices). On y reviendra. C'est exactement ce qui se produit lors du fiasco stendhalien[18] quand une trop forte émotion, un désir qui vous submerge, empêche brutalement l'acte sexuel.

Cependant, cette érection capricieuse peut se déclencher de façon inopinée et ce même lorsque l'on dort. Elle se produit essentiellement pendant les phases de sommeil paradoxal qui occupent 20 à 25 % de notre temps de sommeil. C'est lors de cette phase qu'apparaissent les érections nocturnes, totalement déconnectées de tout stimulus sexuel. Le grand neurologue lyonnais Michel Jouvet en a découvert l'existence et a précisé le rôle de régulateur de notre système nerveux[19]. Si un homme s'éveille au cours de l'une de ces

---

18. Développé par Stendhal dans un chapitre de son essai *De l'amour*, 1822.

19. L'étude du sommeil est réalisée dans des structures spécialisées et se nomme polysomnographie. On peut y ajouter l'étude des érections, appelées pléthysmographie. Autrefois pratiquée pour déterminer si l'atteinte érectile était d'origine

phases où l'on rêve, il constatera que sa verge est rigide. Elle est le reflet exact de l'état physiologique de l'organe. Une sorte de baromètre de sa santé sexuelle. Et sans doute, de sa santé tout court.

H. : Je me souviens d'un ingénieur d'une quarantaine d'années qui me consultait, inquiet d'une disparition de ses érections matinales alors qu'il avait une vie affective et sexuelle tout à fait satisfaisante, avec des érections normales. Il craignait que ce ne soient les prémices d'une impuissance à venir. J'ai dû lui expliquer qu'il s'agissait d'une interprétation erronée du phénomène : il prenait des somnifères et voyageait beaucoup, son cycle de sommeil était perturbé et il ne s'éveillait jamais lors des phases pendant lesquelles l'érection se produit. Son absence s'explicait parfaitement et sans signification péjorative. Rassuré, il a eu ce commentaire : « On devrait apprendre tout ça à l'école. »

Toujours est-il qu'une fois le frein sympathique levé, le pénis peut s'ériger et envoyer des signaux sexuels positifs au cerveau, lequel, à son tour, va le stimuler. Ce va-et-vient sensitif entretient le désir, sa permanence et sa rémanence. En clair, l'érection résulte de l'excitation de centres cérébraux spécialisés qui sont eux-mêmes déclenchés par la perception de la rigidité pénienne. En consultation, pour l'expliquer, on utilise l'image d'un circuit électrique à double sens qui fonctionnerait de haut en bas, cerveau vers pénis, mais également de bas en haut, pénis vers cerveau. Et, fait essentiel,

organique ou psychologique, elle est aujourd'hui tombée en désuétude depuis l'utilisation des injections intracaverneuses.

sans l'intervention de la volonté. Pour cause : il n'y a pas sur ces circuits d'interrupteur que l'on puisse actionner pour enclencher le processus. Le cerveau conscient ne va intervenir que lors de la perception effective de l'érection. Si l'érection est inopinée, sans objectif sexuel, elle disparaît rapidement. Au contraire, lors des jeux amoureux, son maintien devient indispensable à la poursuite de la fête sensorielle.

L'érection est donc un système complexe mettant en jeu, de façon originale, tous les processus neurologiques, vasculaires, hormonaux à l'œuvre à chaque instant dans nos organismes.

Même s'il reste des zones d'ombre, on en sait suffisamment pour explorer et traiter efficacement les nombreuses défaillances qui l'atteignent.

Cela commence très tôt, dès la conception ou presque. Sur les échographies du troisième mois, on reconnaît le futur garçon à sa petite verge en érection. Ce qui est prégnant dans le comportement masculin, c'est donc le lien étroit entre l'érection, la satisfaction du besoin sexuel élémentaire (pulsion) et le plaisir qu'il suscite, imprimant sa mémoire affective. Lorsque l'érection est insuffisante ou absente, engendrant des échecs sexuels successifs, répétés et douloureux, ceux-ci vont susciter des réactions psychiques négatives, aux comportements stéréotypés, générés par l'angoisse de l'échec ou la dévalorisation de soi-même : soit la fuite, soit la révolte et/ou la violence. Dans le film d'Alain Resnais, *Mon oncle d'Amérique*, Henri Laborit, le grand chirurgien, vulgarise superbement les bases biologiques des comportements sociaux. Pour ce qui nous intéresse ici, il parle de syndrome d'inhibition de l'action[20]. Une réaction instinctive qui conduit à éviter de se mettre systématiquement en danger d'échec sexuel par le manque d'érection ; avec les conséquences parfois dramatiques que cela suscite, comme le démontre notre étude récente déjà mentionnée. Trente pour cent de nos patients considèrent que si leur problème sexuel persiste, leur vie est… invivable. Il faut y ajouter bien sûr les acquis ou les interdits de l'éducation. Tout ce qui transforme cette fonction naturelle en tabou. Encore une fois, c'est le « Prouve que tu es un homme[21] ». Et face à l'impuissance, il faut bien dire que la médecine a plus que piétiné.

---

20. Henri Laborit, *L'Inhibition de l'action*, Montréal, Masson, 1979.

21. Élisabeth Badinter, *op. cit.*

CHAPITRE 3

Une pathologie millénaire

« Pour espérer aller de l'avant, il faut savoir regarder loin en arrière. »

Winston Churchill

H. à R. : Aujourd'hui, il y a encore un patient qui m'a demandé pourquoi et comment nous nous étions spécialisés dans ce domaine… Et pourquoi si peu de médecins s'y investissent.

R. : Et alors, que lui as-tu répondu ?

H. : Que finalement cela était la conjonction de ton insatiable appétit de recherche et du défrichage d'un terrain peu connu. Enfin, c'est comme cela que je l'ai ressenti lors de mon premier stage chez toi, en 1984. Chaque nouveau patient était un sujet de recherche, une interrogation permanente sur le fonctionnement si complexe de l'érection, une remise en question incessante du bien-fondé de nos décisions thérapeutiques. Et tu m'as contaminée ! Ton approche pragmatique ressemblait à ce que j'avais vu dans les labos de chimie que j'avais fréquentés.

R. : Sans doute voulait-il aussi savoir pourquoi toi, une femme, tu t'étais intéressée au sujet… Souvent les patients me le demandent. Je généralise en disant que j'ai remarqué depuis longtemps que, paradoxalement, les femmes médecins semblaient plus concernées par le problème que leurs collègues masculins. Pour être un bon médecin dans ce domaine, il faut faire abstraction de soi-même, de son histoire psycho-affective. Deux anecdotes à ce sujet : l'une dramatique, celle d'un formidable chercheur qui a eu une contribution importante dans le domaine et qui s'est suicidé parce qu'il était lui-même impuissant; la seconde, plutôt comique, celle d'une brillante et jolie médecin vasculaire qui avait entrepris des explorations du pénis. Elle a brutalement cessé cette expérience au premier patient ayant eu devant elle une érection! Et toi, comment réagis-tu dans ces cas-là?

H. : Je fais comme si de rien n'était. C'est un organe du corps comme un autre que je soigne; j'explore avec mes mains et les instruments au bout de mes doigts. S'ils se mettent à bander spontanément, bonne nouvelle : c'est que l'atteinte organique n'est sûrement pas très marquée! Seul compte le but à atteindre : expliquer, diagnostiquer et traiter.

R. : Un jour, tu m'as dit que, patients ou pas, les hommes se confiaient très facilement à toi… me citant telle ou telle de nos connaissances masculines dont tu avais été la confidente! Un avantage indéniable en consultation, car chacun a une histoire à raconter, qu'il faut savoir écouter.

Une histoire très ancienne

L'érection est indispensable à l'homme tout comme l'impuissance le détruit[22]. Cela peut sembler caricatural. Pourtant, même si certains hommes revendiquent une sexualité épanouie sans érection, ils finissent toujours par exprimer le regret de son manque. Au cours de l'histoire, *Homo sapiens* s'est toujours intéressée à cette fonction. Avant la Renaissance et le début des dissections anatomiques, les savants, comme on l'a vu, croyaient que la verge s'érigeait en se remplissant d'air ! C'est le grand Léonard, emportant nuitamment les cadavres des suppliciés pour les étudier dans son atelier, qui découvrit le caractère vasculaire de l'organe. De la fin du XIXe siècle au dernier tiers du XXe siècle, de nouvelles hypothèses, plus scientifiques, naîtront, qui se fraieront leur chemin avec difficulté face à la doxa dominante, religieuse puis psychanalytique[23]... Dès le XVIIIe siècle, il y a eu des études physiologiques sur l'animal[24], puis, à la fin du XXe siècle, des érections artificiellement provoquées sur des cadavres humains[25], des tentatives chirurgicales sur les

---

22. Philippe Brenot, *Impuissance masculine. Perspectives historiques*, Paris, L'Esprit du temps, 1994.

23. Gérard Zwang, *Histoire des peines de sexe : les malheurs érotiques, leurs causes et leurs remèdes à travers les âges*, Paris, Maloine, 1994.

24. Reinier de Graaf (1641-1673). Médecin et anatomiste néerlandais qui mis au point une technique d'injection permettant de tracer les vaisseaux sanguins, notamment au niveau des organes génitaux. Accusé de plagiat par un condisciple, il se suicida à l'âge de 32 ans.

25. En 1971, deux médecins américains, Herbert Newman et Jay Northtrup, avaient montré qu'en perfusant du sérum physiologique dans un pénis cadavérique,

veines et les muscles[26], et des essais d'implants insérés dans le pénis à partir d'un cartilage costal.

Aucune de ces expérimentations ne bénéficiait de connaissances précises sur les causes de la dysfonction érectile. Le seul moteur était l'espoir d'avoir un pénis rigide ! Il y a donc eu des aventures rocambolesques. Charles-Édouard Brown-Séquard, physiologiste et neurologue français originaire de l'île Maurice, vantera au début du xxe siècle à la tribune de l'Académie de médecine les bienfaits de son « auto-traitement » du vieillissement sexuel par des injections d'extrait testiculaire animal ! Ce médecin eut, quelques années plus tard, un émule chirurgien : Serge Voronoff, un Russe chassé par la révolution bolchevique et installé à Paris, qui greffa des fragments de testicules de singes à des centaines de patients, dont certains célèbres. Ces greffes ou perfusions animales n'avaient bien évidemment aucune chance de succès pour des raisons de rejet, qui seront comprises bien plus tard.

Il faudra attendre la deuxième moitié du xxe siècle pour que la science progresse dans la connaissance de l'érection et le traitement de l'impuissance. Dans la plaquette célébrant son centenaire, la très puissante Association américaine d'urologie (AUA[27]) retient notamment comme

---

on pouvait provoquer mécaniquement une érection. Lors de la première réunion de notre groupe de pionniers en 1978 à New York, nous avions assisté à une présentation de leurs travaux, poursuivis par Henry Reiss et Adrian Zorgniotti. Cela nous donna l'idée d'utiliser l'érection artificielle au début de nos recherches.

26. T. D. Woten, 1901 ; Oswald Swinney Lowsley, 1936.

27. American Urological Association.

dates essentielles dans la prise en charge des troubles sexuels masculins : 1973, pour la mise en place du premier implant pénien gonflable (F. Brantley Scott[28]); 1982, la première injection intracaverneuse de papavérine (effectuée par R.); et 1998, mise sur le marché du Viagra. On peut ajouter le rapport Kinsey qui, dès les années 1960, malgré ses imperfections statistiques, avait eu le mérite de pointer la fréquence des problèmes liés à la sexualité, chez l'homme comme chez la femme.

Pendant que psychanalystes, psychiatres et sexologues se disputaient sur la prééminence ou non de la pensée sur la capacité fonctionnelle, les médecins de terrain, et surtout les chirurgiens, cherchaient des solutions immédiates pour redonner à des hommes la virilité, c'est-à-dire l'érection.

Une arme contre l'impuissance

De l'avis de tous les spécialistes, l'observation faite par R. lors d'une intervention chirurgicale pour revasculariser le pénis, que la papavérine injectée directement dans la verge peut provoquer une érection, a révolutionné la prise en charge de l'impuissance. En clair, elle est devenue efficace !

H. à R. : Les patients qui consultent et à qui on va faire cette injection, devenue l'indispensable outil du diagnostic

---

28. Frank Brantley Scott. Génial urologue texan, également inventeur d'un implant pour les incontinences urinaires.

des causes de leur trouble, me demandent souvent s'il est vrai que tu t'es injecté à toi-même de la papavérine pour vérifier son efficacité…

R. à H. : J'ai raconté cette histoire si souvent[29]. Il faut imaginer le contexte (conté brièvement au début de ce livre) : l'absence d'érection trouvait, disait-on alors, sa source dans un psychisme défaillant. Nous sommes en 1979, il y a trois ans que je me suis lancé à fond dans l'étude de l'impuissance et des moyens mécaniques (et non psychanalytiques) afin d'y remédier, avec très vite l'intuition que la solution simple d'amener un surcroît de sang dans le pénis, comme pour tous les autres organes quand l'artère nourricière est bouchée, était insuffisante. Même bien alimentée en carburant sanguin, l'érection, souvent, ne se maintenait pas. La lecture d'un journal américain de médecine vétérinaire acheva de me convaincre que j'étais sur la bonne piste : les vétos, en étudiant des taureaux reproducteurs impuissants, avaient découvert l'existence de fuites sanguines qui empêchaient l'érection. Bien mieux, ils les repéraient et les opéraient[30] !

H. : C'est pour cela qu'à cette époque tu pratiquais sur tous les patients une érection artificielle…

R. : Oui, j'avais conçu une pompe avec un ingénieur astucieux : son débit était régulé par un capteur externe qui mesurait l'état de rigidité du pénis. Nous avons pu identifier

---

29. Ronald Virag, *« Prescrivez-moi du bonheur » : ces hommes qui ont vaincu l'impuissance*, Paris, Hugo Doc, 2016.

30. Raymond R. Ashdown, « An Abnormality of the Bovine Penis », *American Journal of Veterinary Research*, vol. 18, n° 68, 1er juin 1957, p. 543-545.

plusieurs catégories de patients : certains qui nécessitaient un débit élevé pour obtenir la rigidité, mais qui se contentaient d'un faible débit pour la maintenir ; d'autres pour lesquels la rigidité était facilement atteinte, mais demandait un gros débit pour être maintenue ; et enfin un dernier groupe, celui des patients les plus atteints, qui cumulaient des débits élevés pour obtenir et maintenir la rigidité. Pour ces derniers, j'avais même imaginé une intervention qui pourrait régler les deux problèmes[31].

H. : Et la papavérine dans tout ça ?

R. : Avant d'y arriver, souviens-toi que, quelques années plus tard, je te faisais encore pratiquer à certains patients, ceux du groupe nécessitant peu de débit pour maintenir la rigidité, des perfusions, car nous avions constaté que le simple fait de remplir la verge avec du sérum physiologique créait une dynamique favorable, ce qui fut rapporté par les patients eux-mêmes et publié[32].

H. : Oui, tu pensais déjà que, chimiquement, il devait se passer quelque chose, alors que la doxa de l'époque affirmait que l'érection était un phénomène passif.

R. : Et puis la papavérine a tout balayé. Ce jour-là, en salle d'opération, tout est allé de travers. Nous n'avons pas pu faire la procédure programmée, destinée à corriger à la fois l'insuffisance d'arrivée sanguine et le débit de fuite trop

---

31. Plusieurs variantes de l'intervention ont été décrites sous le nom de Virag's procedures (V2 à V5). C'est à ce titre que R. a reçu de l'AUA la médaille Lattimer, un prix prestigieux décerné chaque année pour une innovation marquante.

32. Ronald Virag, *et al.*, « Artificial Erection in the Diagnosis and Treatment of Impotence », *Urology*, vol. 24, n° 2, août 1984, p. 157-161.

important. Les conditions anatomiques nous l'interdisaient. Il faut dire que les renseignements fournis par la radiologie, à l'époque, étaient imprécis. L'artère donneuse que j'avais branchée avec difficulté sur le pénis s'est recroquevillée, tel un ver de terre. Nous en étions déjà à trois heures d'intervention. Un simple spasme, sans doute. Mon assistant avait déjà réclamé de la papavérine injectable, un ancien médicament qui dilate instantanément les artères spasmées. J'ai injecté le contenu de deux ampoules à la base de mon greffon, qui s'est immédiatement dilaté, comme tu l'imagines. Et puis une érection rigide s'est produite en quelques instants, et elle s'est maintenue, obstinément. Nous avons dû abandonner l'opération, car la régulation du flux sanguin était imprévisible. Quatre heures d'intervention, et un malade en priapisme. Une seule solution : interrompre l'arrivée sanguine en liant l'artère greffée et ainsi réduire le priapisme. Ce qui revient à détruire ce que nous avions péniblement réalisé. Pour compléter le tableau catastrophique de la journée, l'érection qui aurait dû disparaître en quelques minutes a persisté, toujours aussi rigide. Le malade a été rapidement refermé et emmené en salle de réveil : son érection a disparu au bout de deux heures. Soulagé, j'ai terminé mon programme opératoire. La suite, tu la connais…

H. : Moi oui… mais les patients, les futurs lecteurs veulent connaître la suite, l'expérimentation sur ta personne !

R. : J'ai rejoué le match pas à pas, surtout pour comprendre pourquoi cet homme anesthésié, dont les artères étaient très malades, avait conservé une érection durant plus de deux heures, alors qu'on avait interrompu l'arrivée artérielle. Cette ligature, je l'avais pratiquée plusieurs fois auparavant sans observer un tel phénomène. C'est en fin de nuit que l'évidence « papavérine » s'est imposée à moi. Elle était la seule variable qui ressortait des comparaisons avec des interventions précédentes semblables. Il fallait que je sache immédiatement, car si c'était exact, alors tout changerait... Une seule possibilité rapide : le vérifier sur moi-même ! Ce qui fut fait, sans témoin, avec une dose inférieure de moitié à celle que j'avais injectée à mon opéré... Le résultat montra que c'était bien la papavérine qui induisait une érection.

H. : Combien de temps s'est-elle maintenue ?

R. : Plus d'une heure... et très rigide avec une sorte de tension un peu douloureuse. Et puis, petit à petit, l'érection s'est affaissée, laissant place à l'excitation de la découverte scientifique.

H. : En tout cas, cette auto-expérimentation fascine toujours autant les patients !

R. : Ce n'est pas la première ni sans doute la dernière de l'histoire de la médecine[33]... C'est souvent très compliqué de faire passer une idée ou une découverte qui renverse la table. L'auto-expérimentation est un outil puissant pour l'imposer. Comme indiqué plus haut, la découverte qu'une substance introduite directement dans l'un des deux corps

33. Grégoire Chamayou, « L'auto-expérimentation », *Les Corps vils*, Paris, La Découverte, 2011, p. 139-162.

caverneux pouvait faire bander bouleversa tout le landerneau de l'urologie mondiale et ce pour trois raisons :

1. il s'agissait de la découverte du premier médicament capable de déclencher l'érection ;
2. elle permet, chez les mauvais répondeurs au test, de suspecter fortement une anomalie physique et c'est donc le premier test diagnostique aisé à pratiquer[34] et fiable ;
3. c'est le premier outil de recherche clinique et de laboratoire sur le sujet.

Il est intéressant de noter que ces progrès essentiels sont venus de médecins et chirurgiens de terrain, et pas de laboratoires de recherche. Ces laboratoires sont pourtant habités d'intelligences et d'esprits curieux. Alors ? Peut-être la persistance du tabou ? Ou toujours cette idée que l'érection, associée au plaisir, est un luxe de l'existence. La fréquentation attentive et bienveillante des patients nous a fait comprendre ce qu'il y a de primordial dans l'érection, au niveau individuel comme à celui de l'espèce ! Et ce sont nos découvertes presque béotiennes qui ont stimulé la recherche fondamentale, et non l'inverse ; c'est souvent le cas dans l'histoire de la médecine, des sciences et des technologies. Nous en avons informé le monde scientifique par une courte lettre explicative dans le grand journal médical *The Lancet*[35].

34. L'étude des érections nocturnes est fiable, mais très compliquée à utiliser en pratique courante.

35. Ronald Virag, « Intracavernous Injection of Papaverine for Erectile Failure », *The Lancet*, vol. 320, n° 8304, 23 octobre 1982, p. 938.

H. : Et c'est à ce moment qu'on a essayé d'associer un autre chercheur à ta découverte et affirmé qu'elle était le fait du hasard.

R. : Exactement. On a beaucoup glosé, surtout outre-Atlantique, sur le hasard (la chance?) qui aurait présidé à la découverte de l'action érectile de la papavérine. Une manière de minimiser le rôle du découvreur. Et moi, encore peu familier du monde de la recherche et des publications, je ne mesurais aucunement l'amoncellement de jalousie, d'iniquité et même de mensonges que peuvent charrier les commentaires sur les découvertes innovantes. C'est en opérant des patients désespérés que j'ai découvert les effets de la papavérine. Comme le souligne Louis Pasteur : « Le hasard ne sourit qu'à ceux qui cherchent. » Avec d'autres, j'avais déjà compris la nature vasculaire de l'érection. J'avais déjà provoqué des dizaines d'érections artificielles pour explorer les artères et les veines du pénis. Avec mon complice danois Gorm Wagner nous pressentions que du tissu érectile lui-même viendrait la lumière. Et lorsque cette érection se produisit par l'injection du médicament, et après l'avoir vérifié sur moi-même, je fus à peine étonné. Une évidence inattendue mais reçue sereinement. Les philosophes des sciences ont même créé un terme pour qualifier ce phénomène : la sérendipité, une découverte inattendue mais immédiatement comprise, car survenant opportunément dans un domaine prêt à la recevoir.

À partir de cette découverte, l'étude des troubles de l'érection prit un essor formidable. On disposait d'un moyen simple pour la provoquer et étudier sa composante vasculaire, notamment avec le développement de l'échographie doppler. Mais la résistance aux idées nouvelles fut plus coriace chez les médecins que chez le grand public. Cela n'est d'ailleurs pas propre au sujet que nous traitons. Toute avancée médicale majeure, quel qu'en soit le domaine, est toujours freinée par les confrères a priori sceptiques, puis faussement inquiets des dangers ; les mêmes, quand elle est entrée dans la pratique courante, banalisent à outrance son côté novateur. En 1982, aux Entretiens de Bichat, la Mecque de la médecine française de l'époque, un ponte psychiatre affirma encore que dans 90 % des cas, l'origine des troubles de l'érection était « psychogène ». Une affirmation aussi gratuite qu'erronée, et dont des centaines de milliers de patients en France subissent encore les conséquences au quotidien. Néanmoins, la nouvelle donne créée par la découverte des effets érectiles de la papavérine s'impose, stimulée par la reconnaissance américaine, et surtout la confirmation par les patients eux-mêmes que le traitement est efficace. Ceux qui souffrent ont été les ambassadeurs de cette découverte, qui leur apportait pour la première fois une solution.

Ce fut alors, dans le monde entier, de façon anarchique mais riche d'idées nouvelles, un foisonnement de recherches cliniques et animales[36], qui persista jusqu'à l'arrivée fracassante du Viagra en 1998.

---

36. Hélène Sussman, Ronald Virag, *Proceedings of the First World Meeting on Impotence*, Paris, Éditions du CERI, 1984.

L'industrie prit le pas sur la clinique et investit massivement sur une thématique unique : la médication par voie orale. Le calcul des parts de marché prévalut sur l'étude des parties génitales.

Après l'arrivée du Viagra, on a cru, l'industrie la première, à la mort des injections intracaverneuses en tant que traitement des dysfonctionnements de l'érection. Cependant, il fallait en hâter l'exécution, et le meilleur moyen fut d'enjoliver les résultats des études cliniques sur le Viagra[37]. Sur le long terme, l'optimisme initial se tempéra : de nombreux patients répondaient peu ou mal au traitement, avec de plus des effets secondaires pas toujours agréables. On dut revenir à une règle intangible de notre métier : ne traiter qu'après la pose d'un diagnostic précis. Or l'industrie, avec la complicité de certains experts, a réussi à imposer le traitement du symptôme avant l'établissement du diagnostic. Cela a été d'autant plus aisé et lucratif que se sont greffés à la cohorte importante de vrais malades des légions d'hommes sans pathologie évidente, qui voulaient seulement améliorer l'ordinaire de leur sexualité : « les athlètes du plaisir », comme les qualifiait Romain Gary. Ceci a beaucoup contribué à la décision des autorités de santé de classer le traitement des troubles de l'érection essentiellement dans la case « confort de vie ». Une grave erreur d'appréciation. Non seulement c'est mépriser ceux qui souffrent d'une véritable maladie, mais c'est aussi ignorer la prévention et le traitement du vieillissement

37. Ronald Virag, *La Pilule de l'érection et votre sexualité : mythes et réalités*, Paris, Albin Michel, 1998.

endocrinien et vasculaire, et plus globalement le vieillissement masculin dont le premier symptôme est la diminution de la capacité érectile. Aujourd'hui, un retournement de situation s'amorce, initié comme c'est souvent le cas par les patients eux-mêmes.

Question rémanente des consultants de R. ou de H. : « Mais finalement, docteur, qu'est-ce que j'ai ? On m'a donné ces pilules… mais je dois les prendre toute ma vie ? Il n'y a pas des examens à faire ? »

C'est notre credo à nous, R. et H., et même la raison essentielle de notre démarche avec son triptyque incontournable : *expliquer*, *diagnostiquer*, *traiter*. Démarche indispensable si l'on veut prendre en compte les conséquences souvent dramatiques de l'affection.

CHAPITRE 4

Conséquences vitales

« C'est encore plus atroce
la vie quand on ne bande plus. »
Louis-Ferdinand Céline[38]

Cent cinquante-deux millions d'hommes sur la planète seraient atteints d'un dysfonctionnement érectile. En extrapolant l'évolution démographique, on peut donc prévoir d'atteindre le chiffre de 322 millions pour 2025. Ce qui représente 30 % de la population masculine, et ce, tous âges confondus. L'une de nos étudiantes, Haby Sagnane, a voulu étudier pour sa thèse de doctorat, dans une population « tout-venant », l'impact des problèmes érectiles. Elle a interrogé, à l'aide d'un questionnaire, 436 hommes majeurs, rencontrés dans trois départements d'Île-de-France à l'occasion d'une brocante, au départ d'un semi-marathon et devant un supermarché. Le chiffre de 30 % d'individus reconnaissant des difficultés érectiles s'est trouvé corroboré[39].

38. Louis-Ferdinand Céline, *Guerre*, Paris, Gallimard, 2022.

39. Ce constat n'est qu'un aspect de ce travail passionnant.
Haby Sagnane, *Regard et attentes des hommes sur le dépistage et la prise en charge de la dysfonction érectile en soins primaires : étude réalisée en région Île-de-France*, 2023, Sorbonne, thèse de doctorat.

Quand de Gaulle se plaignait que la vieillesse est un naufrage, pensait-il à son potentiel érectile qui s'amenuisait? En tout cas, Romain Gary en fit un roman autobiographique avec un titre en forme de slogan : *Au-delà de cette limite votre ticket n'est plus valable*[40]. Avant de se suicider comme Hemingway et bien d'autres, accablés par la disparition de leur virilité.

Il existe aujourd'hui des solutions qui ont fait leurs preuves, mais qui ne bénéficient d'aucune publicité.

H. à R. : Un de mes patients, psy, me confiait, alors que je lui faisais son échographie : « L'essentiel pour l'homme, c'est sa virilité. Je le constate chaque jour, avec cette remarque univoque : "Vous savez, à mon âge..." » Le fameux virage de la cinquantaine.

L'âge mais pas que... La fameuse crise de la cinquantaine, ou de la quarantaine d'ailleurs, est souvent provoquée par les premières défaillances érectiles lorsque l'on fume trop, que l'on boit immodérément, que l'on prend du poids au fil des années, que l'on subit un stress professionnel, sans oublier les conflits de couple...

Mais l'impuissance peut commencer beaucoup plus tôt. Le jeune Stéphane est désespéré quand il consulte H., il vient d'avoir 22 ans et a déjà subi un parcours du combattant : « Vous êtes ma dernière chance. Après, je me flingue... »

Médecins généralistes, urologues, psys et sexologues, tous ont eu le même verdict : « Vous savez, c'est dans la tête... »

---

40. Romain Gary, *Au-delà de cette limite votre ticket n'est plus valable*, Paris, Gallimard, 1975.

Ce beau garçon diplômé d'une école de design lutte contre une érection qui a toujours été éphémère. « Normal, lui ont-ils tous répété, vous avez simplement la trouille que ça ne marche pas. » Heureusement, Stéphane est un battant, alors il insiste, multiplie les rencontres, s'aide avec toutes les pilules potentiellement actives. Échecs en cascade… Première visite à notre centre, premier étonnement : personne ne l'a jamais examiné. Ce n'est ni le premier ni le dernier qui s'étonne quand on lui demande de se déshabiller. Incroyable, non ? Des examens ? Il en a réclamé, mais puisque c'est dans sa tête… Et pourtant… après un examen exhaustif, il s'avère que ce jeune homme est porteur d'une malformation complexe du système veineux empêchant le sang de demeurer dans son pénis pour y assurer une rigidité suffisante. Après deux interventions, Stéphane revient en consultation : « Tout n'est pas encore parfait, mais vous m'avez sauvé… Je vais pouvoir vivre normalement ou presque. »

Des situations comme celle-ci se répètent quotidiennement. Des hommes ou des couples qui passent du désespoir à une reconnaissance infinie, quel que soit leur âge. Car le manque d'érection peut miner une vie.

C'est le cas de Maurice, 56 ans qui consulte après vingt-cinq ans de galère sexuelle et affective, deux divorces, puis un célibat de dix ans. Il angoisse à l'idée de ne pas pouvoir assurer s'il fait une nouvelle rencontre. Même enfer pour Étienne, la soixantaine, une épouse aimante et complice, mais un couple soudain menacé depuis qu'une intervention l'a guéri d'un cancer mais privé de ses érections. On lui a fait comprendre qu'il devrait déjà être content d'être vivant…

et ne pas en demander plus. Des situations différentes mais désespérantes, que l'on retrouve partout.

L'étude coréenne déjà citée résume assez bien la différence frappante entre le nombre d'hommes souffrant de dysfonction érectile et ceux qui se soignent : seuls 5 à 10 % vont chercher une aide médicale spécialisée et moins de 5 % en parlent à leur médecin traitant. Comme si patients et médecins, dans ce domaine si intime, jouaient à cache-cache. Les premiers n'osent pas, les seconds redoutent de poser la question. Manque de temps, insuffisance de formation, malaise personnel et parti pris étiologique : l'inéluctable de l'âge pour les anciens, le « c'est dans la tête » pour les plus jeunes. Pourtant, quand on creuse, comme l'a fait cette étude coréenne, le tableau est différent. Les auteurs ont interrogé 662 hommes, dont 400 volontaires sains et 262 atteints de dysfonction érectile, en leur demandant de hiérarchiser la perte de l'érection face à d'autres pathologies sérieuses. Ceux qui sont atteints de dysfonction érectile la jugent plus grave que l'insuffisance rénale, la démence ou des cancers débutants, particulièrement les hommes d'âge moyen. Pour ceux qui sont atteints d'autres affections, l'existence d'une dysfonction érectile amenuise encore la qualité de vie. Deux autres études révèlent la détresse psychique dans laquelle les patients souffrant de dysfonction érectile sont laissés. L'une[41] montre que ceux qui connaissent ce problème le considèrent

41. Yoon Seob Ji, *et al.*, « How Serious Is Erectile Dysfunction in Men's Lives? Comparative Data From Korean Adults », *Korean Journal of Urology*, vol. 54, n° 7, juillet 2013, p. 467-471.

plus invalidant qu'un cancer débutant du foie, du poumon ou de l'estomac. L'autre étude s'est intéressée aux diabétiques. Du fait de la nature des lésions induites par la maladie, 50 % d'entre eux souffrent d'une dysfonction érectile dans les dix ans suivant sa survenue. Peu de diabétologues s'intéressent à la question. Pourtant une étude, réalisée il y a quelques années par le NHI britannique (l'équivalent de notre Haute Autorité de Santé) chez les diabétiques, leur demandait de classer préférentiellement les fonctions qu'ils souhaitaient voir préserver dans l'évolution de leur maladie, maladie affectant, rappelons-le, tous les organes. La fonction sexuelle surgit en deuxième derrière les yeux, et loin devant le cœur, les reins et la peau. Malgré cela, la place de la sexualité est infime dans toutes les brochures médicales consacrées au diabète…

Une autre étude épidémiologique[42] nous a frappés, Hélène et moi, car elle stratifie le pourcentage de sujets atteints en fonction de l'âge. On est prêt à accepter, à tort d'ailleurs, le fait que le « ticket sexuel » de Romain Gary ne soit plus valable, passé une certaine limite (même si celle-ci est sans cesse repoussée par l'allongement de la vie en bonne santé…). Mais on est frappé qu'une proportion significative de jeunes souffre de ce mal : 3 à 5 % ont moins de 20 ans ! Ce qui veut dire que sur un campus universitaire, par exemple, où évoluent une centaine de jeunes, entre trois et cinq d'entre eux ont un déficit érectile. Les conséquences individuelles négatives sont multiples, mais mal identifiées et encore moins

42. Tom F. Lue, « Erectile Dysfunction », *The New England Journal of Medecine*, vol. 342, nº 24, juin 2000, p. 1802-1813.

chiffrées : conduites addictives (drogues, comportements à risque, violence), isolement social, instabilité professionnelle. Le coût socio-économique n'est pas mesuré. Et pourtant, il est sans doute conséquent (dépressions, divorces, chômage, violences conjugales, etc.). Qu'elle soit primaire ou secondaire, c'est-à-dire apparaissant après une période plus ou moins longue, durant laquelle l'érection était satisfaisante, la dysfonction érectile est très mal vécue. Le pire, pour l'immense majorité de ceux qui en sont atteints, est la perte de l'estime de soi. La virilité écornée, on ne se sent plus tout à fait un homme entier. Au-delà des dégâts affectifs, c'est la vie entière qui est impactée. Alors quand une telle pathologie concerne, comme on l'a vu, près de 30 % des hommes, on peut considérer qu'il s'agit d'un véritable problème de santé publique. Lequel est pratiquement ignoré des pouvoirs publics et singulièrement des autorités de santé.

Toutes les études recoupent ce que nous voyons dans notre centre. À chaque patient consultant pour la première fois, nous demandons de répondre à un questionnaire qu'il peut télécharger ou remplir sur place avant la consultation. L'analyse de 356 questionnaires a révélé que si leur handicap sexuel ne trouvait pas de solution, plus de 30 % d'entre eux considéreraient alors leur vie comme « invivable », et 50 % comme « difficilement supportable[43] » Une étude australienne de grande envergure (plus de 200 000 sujets) met en

43. Le questionnaire peut être consulté en annexe. Ce travail a été présenté au Congrès européen d'urologie, en 2022 sous le titre : « Is Erectile Dysfunction a Life Threatening Condition? »

évidence un risque suicidaire 2,2 fois plus élevé chez les hommes ayant des troubles de l'érection.

Le risque suicidaire

H. à R. : Tu sais, j'ai eu une conversation intéressante avec un ancien commandant de gendarmerie, retraité, qui s'étonnait de la jeunesse des patients croisés en salle d'attente. « Ce doit être bien plus dramatique pour eux… » Et comme je lui citais notre étude en cours et le pourcentage très élevé des patients soulignant le caractère invivable de la situation – certains l'exprimant même de vive voix –, il me révéla qu'en tant que gendarme il avait souvent enquêté après des suicides masculins, et que la thématique des problèmes sexuels était parfois abordée dans les lettres laissées par ces malheureux.

R. à H. : Très intéressant, la détresse sexuelle pourrait être un facteur de suicide bien plus important chez les jeunes hommes. Il n'existe aucune statistique pour le savoir. On devrait essayer de creuser cette piste en exhumant les courriers laissés par ces hommes.

Cela pose aussi la question de la violence sexuelle dans les couples où l'homme souffre d'une incapacité chronique à satisfaire sa partenaire, incapacité qu'il peut être tenté de refouler de façon violente. Une dramatique affaire récente en est l'illustration frappante. Il s'agit de l'affaire Daval[44].

---

44. Jonathann Daval a été condamné le 21 novembre 2020 à vingt-cinq ans de prison pour le meurtre de son épouse Alexia.

Le jeune Jonathann assassine sa femme Alexia, puis brûle son corps qu'il cache dans une forêt voisine de son village du Doubs. Meurtre d'autant plus horrible que, pendant des semaines, il donne le change auprès de tous et en particulier de sa belle-famille, qui le considérait comme leur fils. Lynchage médiatique puis judiciaire, avec une condamnation à vingt-cinq ans de réclusion criminelle. L'enchaînement des faits conduisant au meurtre nous a interrogés, d'autant que l'homme souffrait d'une dysfonction érectile sévère, mal prise en charge et manifestement mal évaluée par les experts psychiatres, et considérée comme psychogène sans étude préalable des facteurs organiques potentiels. L'audition du professeur Tarqui est à ce propos édifiante : « Jonathann est jeune et relativement en bonne santé, il n'y a aucune raison de penser qu'il puisse y avoir un tant soit peu de substrat organique dans la survenue de son impuissance. » Un a priori fondé sur l'âge, dont on voit bien les conséquences néfastes. Toutes les études infirment une autre déclaration de l'expert psychiatre sur le traitement prescrit à Jonathann : « Ces médicaments pris à haut dosage sont destinés à prendre confiance en soi. On va en prendre pour prendre confiance en soi. Une fois que la confiance en soi est restaurée, on va pouvoir se passer du produit. » Manifestement, le traitement ne marchait pas, comme Daval le signale lui-même… Ce qui aggrave encore l'anxiété du patient. Et curieusement, les experts psychiatres le décrivent comme « manipulateur » et « dominateur ». Peu probable d'être dominateur quand on est impuissant. Selon son propre récit, sa femme, et future victime, le dévalorisait en raison de son handicap sexuel.

Le récit de la journée du crime est révélateur : elle réclame un rapport sexuel. Il mentionne que son traitement est insuffisant pour le lui permettre. Elle l'agresse alors plutôt violemment, puis l'enchaînement de la violence conduit à l'affreux dénouement. Exemple des dégâts considérables induits par la dysfonction érectile, qui a été évoquée de façon marginale lors du procès, alors que c'était un élément essentiel.

R. : J'ai écrit, tu te souviens, à l'avocat de Jonathann pour attirer son attention sur la possibilité de circonstances atténuantes. Il n'a même pas pris la peine de répondre et il n'en a pas tenu compte. Il ne s'agissait bien sûr pas d'excuser ce crime épouvantable, mais d'en saisir les tenants et les aboutissants. J'ai récemment évoqué cette affaire avec un patient issu du monde politique en regrettant que l'on continue d'ignorer les conséquences sociétales des troubles de l'érection.

Il m'a lancé : « Vous devriez intervenir dans les médias pour nous sensibiliser. » Il parlait des politiques. Je lui ai répondu : « Quand les médias m'interrogent, je réponds. Quant à mes tentatives auprès du monde politique et administratif, elles ont toujours été décevantes. »

En 1998, à l'instigation du secrétaire d'État à la Santé, Bernard Kouchner, une commission fut réunie pour préparer la sortie en France du Viagra. J'ai accepté d'en faire partie, espérant qu'au-delà de l'aspect réglementaire du médicament en question, nous aborderions le problème de l'affection dans son ensemble. Il n'en fut rien, et même les préconisations de la commission concernant le médicament ne furent pas suivies !

Un peu plus tard, j'ai été entendu par le Comité consultatif national d'éthique (CCNE), alors présidé par Émile-Étienne Baulieu. Là encore, je fus déçu du peu de résultats concrets[45]. L'une des conclusions du Comité, après avoir souligné que « toute amélioration de la vie sexuelle concourt au bien-être des individus », affirmait benoîtement que « la vie sexuelle diffère des autres fonctions individuelles, car elle n'est pas vitale ». Confondant! Depuis, je me suis toujours tenu éloigné du monde politique. Toutefois, avec H., nous propageons la « bonne parole » à l'aide de communications à l'Académie nationale de chirurgie et dans les diverses sociétés savantes intéressées, lorsqu'elles nous sollicitent.

Cependant, on le voit, la tendance générale, surtout celle des autorités de santé, est de considérer les troubles de l'érection comme une « pathologie du confort de vie », donc secondaire. Cette image aussi simpliste que fausse a été aggravée par l'arrivée sur le marché d'un médicament réputé résoudre tous les problèmes. Pour les décideurs de la santé, classer ces troubles dans la catégorie du superflu permet surtout d'éviter de financer la prise en charge qui permettrait de se traiter. C'était l'une des recommandations de la note du CCNE. Certes, certains individus ne souffrant d'aucune anomalie de l'érection cherchent à améliorer leur condition ordinaire, en consommant des médicaments. Mais les vrais malades? On les prive de la prise en charge d'un trouble qui empoisonne leur vie et celle de leur entourage.

---

45. Rapport n° 62 du Comité consultatif national d'éthique (CCNE), « Médicalisation de la sexualité : le cas du Viagra », 18 novembre 1999.

En réalité, trop souvent les médecins eux-mêmes ignorent les véritables malades ou les considèrent comme imaginaires. Le « c'est dans la tête » proféré à ceux qui se plaignent fait penser à la fameuse scène du poumon dans *Le Malade imaginaire* de Molière. Si les études épidémiologiques globales sont abondantes pour doper les cours de la Bourse des industriels du médicament, bien peu s'intéressent réellement au destin des patients et à la perception qu'ils ont de leur vie, sans érection.

C'est oublier que la dysfonction érectile est parfois annonciatrice de pathologies neurologiques comme la sclérose en plaques. Ou omettre son rôle si délétère sur le moral des malades que leur traitement prive de toute vie sexuelle, comme les cancéreux.

Autre point et non des moindres, il est aujourd'hui démontré qu'au-delà du lien très étroit entre troubles de l'érection et facteurs de risque vasculaire établi il y a bientôt quarante ans[46], la survenue d'une dysfonction érectile, surtout quand son origine est vasculaire peut être annonciatrice d'un infarctus du myocarde ou d'un accident vasculaire cérébral[47]. Des mesures préventives adéquates pourraient éviter bien des souffrances et sauver des vies. Sans parler des millions d'euros de frais hospitaliers dépensés à cause de

---

46. Ronald Virag, *et al.*, « Is Impotence an Arterial Disorder?: a Study of Arterial Risk Factors in 440 Impotent Men », *The Lancet*, vol. 325, n° 8422, 26 janvier 1985, p. 181-184.

47. Charalambos Vlachopoulos *et al.*, « Prediction of Cardiovascular Events and All-Cause Mortality With Erectile Dysfunction. A Systematic Review and Meta-Analysis of Cohort Studies », *Circulation: Cardiovascular Quality and Outcomes*, vol. 6, n° 1, janvier 2013, p. 99-109.

cette ignorance. Et sans mentionner les vies détruites. Alors que l'on nous parle d'une médecine prédictive (promise il est vrai depuis trente ans), l'ignorance des médecins engendre une sous-évaluation de cette pathologie, d'autant plus révoltante que des solutions efficaces sont disponibles.

Évaluer avec méthode pour traiter efficacement, telle est notre tâche quotidienne, doublée de l'ambition de transmettre notre expertise pour construire un réseau de centres experts, capables d'une prise en charge identique.

CHAPITRE 5

Expliquer et évaluer

« Mon premier souci sera de rétablir,
de préserver ou de promouvoir la santé
dans tous ses éléments physiques et mentaux,
individuels et sociaux. »

Serment d'Hippocrate, deuxième alinéa[48]

Pour paraphraser Einstein, la médecine ne joue pas aux dés[49].

Entre approximations, a priori et fatalisme, la médecine des troubles sexuels a longtemps erré. Ce sont les médecins de terrain, cliniciens et chirurgiens, on l'a vu, qui ont fait avancer les traitements de l'impuissance souvent de façon anarchique, à l'occasion de découvertes en apparence fortuites mais toujours pragmatiques. Ce que nous souhaitons démontrer, c'est qu'il existe aujourd'hui une démarche cohérente qui permet d'aborder ce trouble scientifiquement.

---

48. Version révisée du Conseil national de l'Ordre des médecins en 2012.

49. Congrès Solvay, 1927.

Avant tout, il faut combattre les idées reçues et les défauts d'une médecine hâtive et souvent condescendante, voire éludant le problème.

D'abord en finir avec l'obéissance-réflexe à des stéréotypes non fondés scientifiquement et pourtant érigés en dogmes. « Une science qui n'évolue pas, qui n'est plus réfutée, perd une grande part de son caractère scientifique. Elle se range alors parmi les dogmes[50]. » La médecine qui, comme le dit Georges Canguilhem[51], est « un art environné d'outils scientifiques », a beaucoup de difficultés à se débarrasser de ses dogmes.

Parmi ces a priori, le premier est sans doute celui de l'âge. Certes l'avancée en âge est un facteur de risque évident, mais il ne justifie pas nécessairement un manque d'érection. Et si la dysfonction érectile de Tristan, âgé de 19 ans, n'est pas « psy » (« c'est dans la tête », comme le lui répétaient son entourage et même les médecins qu'il a consultés), celle de Noël, 59 ans, sorti récemment d'un long veuvage, n'est pas forcément « organique » (en lien avec une détérioration vasculaire).

L'une des sources principales de désespoir des patients qui viennent nous consulter, c'est d'avoir été classés dans des boîtes qui ne leur correspondent pas : la boîte « psy » pour les jeunes, la boîte « âge » pour les vieux. En atteste ce

---

50. Jean Lilensten, directeur de recherche au CNRS et planétologue, a écrit *Le Sens du mot science*, Les Ulis, EDP Sciences, 2018.

51. Georges Canguilhem (1904-1995). Docteur en médecine (qu'il a renoncé à exercer) et philosophe des sciences.

témoignage bouleversant que nous avons reçu par mail en mars 2021, et reproduit ici in extenso :

« Bonjour, je vous contacte car je suis à bout de solutions et souffre énormément, et ce depuis des années, en silence. J'arrive désormais à un point où j'ai du mal à vivre dans cette situation.

La plupart des médecins ne veulent pas me prendre en charge car je n'ai jamais eu de relation sexuelle, mais mon problème est bien réel.

Je souffre en effet de dysfonction érectile sévère depuis que je suis en âge d'avoir des érections. Mes érections sont incomplètes, peu rigides, je débande très rapidement, et ce malgré la masturbation et la stimulation visuelle et psychologique, et les rares érections matinales et nocturnes que j'ai sont quasiment toujours molles, en tout cas jamais rigides.

Je ne sais plus vers qui me tourner, car mon problème n'est certainement pas d'origine psychologique. Le Spedra[52] que j'ai essayé après prescription médicale ne donne d'ailleurs que de très faibles résultats et n'est pas recommandé sur le long terme du fait de mon problème de vue (cataracte congénitale). Mon trouble est, d'après mes nombreuses recherches, très certainement d'origine vasculaire (fuite veineuse).

L'équipe accepterait-elle de me prendre en charge même si je n'ai jamais eu de rapport ? J'ai rempli le questionnaire [voir à la fin du livre] et peux vous l'envoyer. Je suis vraiment dans une impasse actuellement. Je n'ai jamais eu d'érection

52. Médicament de la classe des inhibiteurs des phosphodiestérases de type 5 (même famille chimique que le Viagra).

correcte de ma vie, et mon impuissance me fait rejeter toutes les femmes qui s'intéressent à moi, car je sais qu'une relation sexuelle est impossible. Je suis déterminé à trouver une solution[53]. »

L'histoire est exemplaire (et révoltante) du drame du patient impuissant qui ne peut pas prétendre à un traitement sous prétexte qu'il n'a jamais eu de rapport sexuel[54]. Oxymore factuel : on ne peut pas traiter un malade !

Le constat suivant, concomitant, est l'absence de dialogue avec le soignant potentiel. « Avec vous, on a le temps de s'exprimer », nous disent, après un premier entretien, les personnes qui viennent nous consulter. Le patient a besoin qu'on l'écoute, et le médecin a besoin d'écouter pour comprendre. C'est ce que l'on nomme « le colloque singulier », lequel établit un lien intangible et inviolable (secret professionnel) entre le soignant et le soigné.

De même que l'observation physique. Rémy, 45 ans, qui a déjà vu trois confrères, s'est étonné que H. lui demande de se dévêtir. La tendance générale pousse le médecin à s'éloigner de plus en plus du corps de son patient, au profit de la technique froide sans contact : téléconsultation standardisée, prescription systématique d'examens, respect de recommandations stéréotypées, d'autant plus dans ce domaine où s'ajoute la pudeur, mal placée ou prudente, des soignants face

53. Le texte est reproduit tel quel. À force de consulter, certains patients adoptent le langage médical.

54. Il est intéressant de noter que toutes les études cliniques randomisées sont réalisées sur des sujets ayant une relation de couple stable, excluant de facto ceux, pourtant si nombreux, qui n'ont pas de partenaire !

à un organe « honteux ». Prudente, car plusieurs spécialistes renommés ont récemment été attaqués pour viol par leurs patients. Nous ne connaissons pas le fond de ces affaires, mais une chose est certaine, le contexte actuel risque d'inciter les médecins à ne plus pratiquer des examens complets incluant palpation des organes et gestes intrusifs. Récemment, une sénatrice socialiste a déposé un projet de loi pour établir le délit de violence lors d'un examen gynécologique, précisément pour sanctionner les actes de pénétration vaginale ou rectale non consentis. Sauf que, sans examen complet, aucun diagnostic précis ne peut être établi. Et le déclenchement d'une douleur lors de l'examen peut éclairer le diagnostic. C'est dire le dilemme si, par crainte de poursuites, on passe à côté d'un signe important, voire vital[55] !

Écouter, regarder et examiner sans aucun préjugé, comme dans toute autre pathologie, doit être la règle intangible, car chaque patient a une histoire unique avec un corps dont l'observation participe au diagnostic.

L'histoire de chaque patient est un élément indispensable dans la compréhension d'un problème.

La consultation initiale est forcément longue, sans comparaison avec la durée habituelle d'une consultation médicale standardisée par la Caisse nationale de l'assurance maladie (CNAM). Il faut écouter le patient tout en le guidant vers les points clefs du diagnostic psychoaffectif. Pour lever l'écueil du temps, le patient remplit le questionnaire de 30 items.

55. C'est le sens d'une mise au point de l'Académie nationale de chirurgie, publiée en septembre 2023.

Quinze minutes sont suffisantes pour le renseigner. Il intègre notamment deux données validées dans tous les pays : l'IIEF5 (pour International Index for Erectile Function) et l'EHS (pour Erection Hardness Score)[56].

Ces chiffres, bien sûr, seront confrontés à ceux enregistrés lors des examens complémentaires réalisés sous stimulation pharmacologique (voir ci-dessous). Ils serviront aussi de critères comparatifs pour apprécier objectivement le résultat des traitements.

La première rencontre avec le patient comporte toujours un examen corporel centré sur les organes génitaux. Il permet de découvrir des troubles sensitifs ou des anomalies locales. Il peut également révéler l'attitude du patient vis-à-vis de ceux-ci : gêne, hypersensibilité ou remarques quant à une prétendue petite dimension du pénis faisant craindre une dysmorphophobie, plus connue sous le nom du « syndrome du vestiaire[57] ». L'examen calme et doux est fait surtout pour rassurer et préparer le test fonctionnel indispensable, l'examen pivot étant l'échographie doppler sous stimulation

---

56. L'IIEF5 chiffre en cinq questions la capacité du sujet à obtenir et maintenir l'érection lors de l'activité sexuelle. Les réponses à chacune de ces questions, notées de 1 à 5, permettent d'obtenir un score échelonné de 5 à 25. Au-delà de 20, on considère que la qualité de l'érection elle-même n'est pas en cause dans la dysfonction sexuelle. En dessous de 21, le trouble de l'érection est validé; plus ce chiffre est bas, plus il est sévère. L'EHS par le patient lui-même repose sur une notation de 1 à 4, suivant la rigidité obtenue lors de ces différentes situations : 1 : pas de changement ou infime en comparant avec la verge flaccide; 2 : gonflement sans rigidité; 3 : rigidité mais l'organe peut plier; 4 : rigidité sans possibilité de fléchissement.

57. Syndrome atteignant les hommes préoccupés par les dimensions de leur pénis flaccide, qu'ils considèrent comme insuffisantes.

pharmacologique (EDSP). C'est, pour le pénis, l'équivalent du test à l'effort sur tapis roulant pour le cœur. C'est le moyen le plus simple d'évaluer l'érection, la vascularisation et la structure de l'organe en fonctionnement. Popularisé depuis 1982 sous le vocable « test à la papavérine », il part de l'hypothèse que ce médicament, injecté dans la verge sans douleur, est capable de déclencher une érection rigide et durable : l'injection, à une dose prédéfinie du produit, permet de graduer la sévérité réelle de la dysfonction érectile, et d'orienter le diagnostic vers sa cause. C'est d'autant plus pertinent que les répondeurs peuvent espérer bénéficier, avec le système d'auto-injection, d'un traitement au moins symptomatique et peut-être curatif[58]. Le reproche principal que l'on peut faire à ce test est de déclencher, chez les sujets peu atteints ou l'étant sans cause organique, une érection ne disparaissant pas spontanément. Cet inconvénient est maîtrisé de longue date par l'injection d'un produit d'effet inverse[59].

Malheureusement, le succès en trompe-l'œil, loin d'être toujours efficace, des dérivés du Viagra a conduit beaucoup de spécialistes, tout comme les sociétés savantes, à ranger ce test essentiel au magasin des accessoires. Ils sont contredits par les faits cliniques et les patients eux-mêmes : ils veulent

58. Voir chapitre 6 : « Le traitement par auto-injection intracaverneuse ».

59. L'étiléfrine permet de réduire le risque des injections intracaverneuses et rend aussi d'immenses services dans le traitement des priapismes spontanés, en particulier ceux provoqués par une maladie génétique redoutable, atteignant les populations originaires de l'Afrique subsaharienne, la drépanocytose. Celle-ci est la maladie génétique la plus fréquente en Île-de-France. Plus de 30 % des hommes font des priapismes, d'où l'intérêt de ce traitement que nous avons proposé dès 1992.

savoir d'où vient leur mal. Même si la « pilule bleue » est efficace, et encore plus si elle ne l'est pas! Ces dernières années, l'examen a été affiné car il est couplé à l'échographie doppler, qui a bénéficié d'améliorations techniques, et surtout du développement d'un protocole d'examen rigoureux et fiable[60]. Bref, l'EDSP apporte des réponses précises aux questions essentielles posées par les dysfonctions érectiles : état des artères apportant le sang au pénis; capacité de rétention de celui-ci ou sortie prématurée par le système veineux drainant anormalement le sang hors du pénis; état des structures péniennes et de leur enveloppe élastique (la fameuse albuginée).

À l'aide de ce test, complété d'une prise de sang pour doser, entre autres paramètres, le taux de testostérone, le spécialiste peut orienter le patient vers un traitement efficace ou approfondir les investigations, à la recherche d'anomalies qui pourraient être corrigées par des thérapeutiques plus invasives. Ainsi, la découverte, grâce à ce bilan, d'une atteinte artérielle, si minime soit-elle, doit conduire à demander un bilan cardio-vasculaire pour rechercher une atteinte coronarienne précoce[61], mais encore fonctionnellement muette. Répétons-le, des études épidémiologiques ont montré qu'une

60. Hélène Sussman, *et al.*, « Ultrasonography After Pharmacological Stimulation of Erection for Diagnosis and Therapeutic Follow-Up of Erectile Dysfunction Due to Caverno-Venous Leakage », *Journal de médecine vasculaire*, vol. 45, n° 1, février 2020, p. 3-12.

61. Hélène Sussman, *et al.*, « Dépistage de lésions coronaires cliniquement muettes chez les sujets présentant une dysfonction érectile (DE) d'origine artérielle. Résultats d'une étude préliminaire de 20 cas », *Journal de médecine vasculaire*, vol. 48, supplément mars 2023, p. 552.

lésion des artères de la verge peut précéder de plusieurs mois, voire de plusieurs années, la survenue d'un accident vasculaire (cérébral ou cardiaque) invalidant. C'est redire l'importance de l'EDSP, seule capable d'affirmer l'atteinte des artères du pénis. C'est pourquoi l'EDSP doit être hissée au premier rang de l'évaluation.

Le test d'érection provoquée a une autre vertu essentielle, celle de rassurer celui qui voit une érection se produire, d'une intensité qu'il n'avait pas éprouvée depuis longtemps.

Une anecdote illustre notre propos. H. se souvient : « L'homme allongé sur la table d'examen pour une dysfonction érectile consécutive à une intervention sur la prostate était très disert et curieux des images qui s'affichaient peu à peu sur l'écran, et puis soudain, constatant l'effet positif produit, il s'assoit : "Madame, s'il vous plaît, donnez-moi mon portable." »

« Mais je n'ai pas fini l'examen… »

Sans attendre, il réalise un selfie très spécial et l'envoie immédiatement à tous ses amis !

« Permettez-moi de vous embrasser, quatre ans que je ne l'ai pas vu comme cela ! »

Même non informés, les patients comprennent qu'une solution existe.

Se priver de cet examen essentiel est une faute.

Identifier une pathologie méconnue : la fuite caverno-veineuse

L'EDSP présente un autre avantage important : celui d'identifier les très fréquentes fuites caverno-veineuses. On a vu qu'elles avaient été identifiées pour la première fois par des vétérinaires américains, sur des taureaux reproducteurs, peu enclins aux considérations psychologiques sur leurs capacités reproductrices ! Pourtant leur existence est encore discutée, voire niée par de nombreux spécialistes. Les cas les plus emblématiques sont ces jeunes hommes qui n'ont jamais obtenu d'érections assez durables pour avoir des relations satisfaisantes. Ils se sont entendu répéter que c'était dans leur tête, ils ont entendu parler de nous, ils viennent consulter, et lors d'un EDSP, on constate que si le sang arrive dans le pénis en quantité suffisante, il n'y reste pas. On va donc identifier la présence de ces anomalies veineuses qui empêchent la verge de rester rigide. Le caverno-scanner va les visualiser, et Éric Allaire, notre chirurgien, va les « neutraliser », pour employer un terme militaire (lire chapitre 6 : « La chirurgie vasculaire »).

Cette pathologie, qui peut conduire au suicide, est emblématique de notre combat contre les idées reçues. Une consultation récente l'atteste. Bruno, 32 ans, raconte à H. sa galère : ses premières érections ont d'emblée été instables. Il a consulté et mentionné cette variabilité, que les médecins ont négligée ou attribuée à une cause psychologique. Quand il est allongé, ses érections s'effacent, debout ou agenouillé elles sont plus fortes et de meilleure qualité. Le dernier spécialiste consulté lui a répondu : « Eh bien! Faites l'amour à genoux! »

Pour les jeunes patients, tel Bruno, se plaignant d'érections instables ou insuffisantes consécutives à des malformations veineuses responsables d'un syndrome dit de fuite caverno-veineuse, le diagnostic soutenu par l'EDSP sera confirmé par un examen spécifique, le caverno-scanner, lequel va localiser les lésions et guider le geste chirurgical.

Quand l'EDSP révèle d'importantes lésions artérielles, le patient se voit proposer, outre le caverno-scanner déjà mentionné, un angioscanner des artères pudendales pour localiser avec précision les lésions et étudier les possibilités d'une revascularisation artérielle. Ce cas de figure est loin d'être rare. Une meilleure étude des lésions et la miniaturisation des instruments pour dilater ces petites artères font espérer de meilleurs résultats dans ce type de lésions (voir chapitre 6).

L'indispensable évaluation biologique

Les dosages hormonaux des androgènes ainsi que leurs composantes hypothalamiques sont indispensables. Ils permettent de détecter un déficit en hormone mâle. Schématiquement, quand le taux de testostérone circulante diminue, l'hypophyse, stimulée par l'hypothalamus, augmente la production de l'« hormone lutéinisante », ou LH, laquelle stimule la production de testostérone. Inversement, quand le taux de testostérone augmente de façon importante, les taux de LH et de FSH (hormone de stimulation folliculaire) sont moindres et ne stimulent plus les testicules, qui diminuent la production de testostérone et aussi de spermatozoïdes. C'est ce qui guette les sportifs qui se dopent avec des androgènes. Également important, le bilan biologique des facteurs de risque vasculaire éventuels. Ainsi, les deux types de diabète affectent l'érection. Celui de type I, génétique, atteint des sujets jeunes : il est primordial de les encourager à un contrôle étroit de la glycémie, et à ne pas accumuler d'autres facteurs de risque comme l'addiction au tabac et/ou au cannabis. Le diabète de type II, non génétique et survenant plus tardivement en raison d'une surcharge glycémique souvent associée à une obésité abdominale, effondre la fonction érectile, surtout quand s'y associe une hypertension artérielle dont le traitement médicamenteux peut être également délétère. C'est pire lorsque s'ajoutent les méfaits du tabac. On connaît en effet de longue date l'effet nocif de ce dernier sur l'érection. R. a été l'un des premiers à le signaler avec le regretté Gilbert Lagrue[62] et le Comité national contre le tabagisme qu'il présidait alors. Ensemble, nous avions pensé que pointer chez tous, et particulièrement chez les jeunes, le risque d'impuissance, serait un argument convaincant dans la lutte contre le tabagisme. Malheureusement, nous n'avons pas été suivis par les autorités de l'époque. Plus tard, cela fut repris assez timidement sur les paquets de cigarettes et dans des affichages plus

62. Gilbert Lagrue (1922-2016). Professeur de médecine, pionnier historique de la lutte contre le tabac.

spectaculaires, notamment en Californie, puis progressivement banalisé. Aujourd'hui avec un test simple mesurant la capacité spontanée des artères péniennes à se dilater, réalisé lors de l'examen vasculaire, on peut montrer au patient l'effet nocif du tabac sur les vaisseaux sanguins du pénis[63]. Bien sûr, comme souvent en médecine, cette susceptibilité négative n'est pas uniforme et il est important donc de la déceler individuellement avec ce test simple. De même, des études déjà anciennes ont montré la nocivité vasculaire du cannabis. Des recherches plus récentes, menées à l'aide cette fois de tests biologiques, le confirment. Le tabac et le cannabis lèsent l'important tissu endothélial qui tapisse tous les vaisseaux de nos organes et en particulier les petites lacunes du tissu érectile. C'est là que se produisent les premières lésions du système vasculaire, y compris tôt dans l'existence de ceux qui s'adonnent à ces drogues, même sans exagération. Diffuser auprès du grand public une information pointant les effets néfastes du tabac et du cannabis sur l'érection est hautement souhaitable.

Les dysfonctions érectiles sont partie prenante de ce que l'on appelle le syndrome métabolique[64], et précisément de l'une de ses composantes, l'obésité abdominale, en raison

---

63. Le PNORT (Penile NO Release Test) est le test qui permet d'évaluer l'état de la fonction endothéliale. On parle d'index PNORT.
Ronald Virag, *et al.*, « Impairment of Shear-Stress-Mediated Vasodilation of Cavernous Arteries in Erectile Dysfunction », *International Journal of Impotence Research*, vol. 16, n° 1, février 2004, p. 39-42.

64. Le syndrome métabolique associe obésité, hypercholestérolémie, diabète et hypertension artérielle. Sa prévalence mondiale est de 32 % à 40 % suivant les critères retenus.

de la chute fréquente du taux de testostérone qu'elle entraîne. La fonction érectile est améliorée après chirurgie bariatrique et/ou régime sévère. Des mesures hygiéno-diététiques simples peuvent être également efficaces : la perte de poids est ainsi un élément primordial de la prise en charge des troubles de l'érection.

On peut aussi proposer des tests neurologiques spécialisés aux patients pour lesquels nous craignons une atteinte neurogène, ces examens visent à apprécier la commande neurologique de l'érection. Ils sont indispensables quand on envisage une intervention chirurgicale vasculaire, car elle s'avérerait inutile en cas d'atteinte nerveuse trop marquée. Inutile de réparer le carburateur si l'allumage est défectueux. Inversement, la découverte de signes cliniques évoquant une éventuelle cause neurologique au trouble érectile invite à demander cet examen et l'avis d'un spécialiste. On peut découvrir ainsi des pathologies méconnues, comme une sclérose en plaques débutante. Enfin, certains terrains psychologiques particuliers ou des patients présentant des troubles psychiatriques connus sont confiés pour évaluation à notre neuropsychiatre.

On détermine in fine, pour chacune des causes potentielles de la dysfonction érectile, une échelle de gravité de 0 (absence) à 3 (degré maximum), qui nous permet de dresser pour chaque patient un profil érectile. C'est grâce à cela que l'on détermine la part de l'organique en détaillant chaque secteur (vasculaire, neurologique, hormonal) et la composante psychologique et/ou comportementale. Et ce ne sera qu'après avoir constaté l'absence de tout facteur organique, par des examens complémentaires pertinents, que l'on conclura à une origine fonctionnelle et/ou psychoaffective de la maladie.

En pratique, il faut concilier l'exigence du patient d'une solution rapide, et bien sûr efficace, et la nécessité de l'analyse telle qu'exposée ci-dessus. On ne détaillera pas ici l'algorithme décisionnel. D'autant qu'il s'adapte à chaque cas, en fonction des données recueillies et également des circonstances de la vie de chacun (individus seuls ou couples).

D'où l'importance d'une consultation de synthèse qui expose clairement les options thérapeutiques à la lumière des résultats des examens. Cet entretien remet le patient et son histoire au centre du problème à résoudre. Il faut s'abstraire d'une idée toute faite : la manichéenne opposition du « c'est dans la tête » ou du tout-organique. À partir des résultats des différentes investigations, il faut construire, avec le patient, une stratégie qui lui soit propre, et non pas adapter son cas à de prétendues recommandations étriquées. Dans notre centre, les consultants vierges de tout traitement antérieur deviennent rares. La facilité d'obtention sur la Toile des médicaments qui devraient être délivrés sur ordonnance l'explique aisément. Dans l'étude récente déjà mentionnée, 75 % des nouveaux consultants ont déjà essayé le Viagra et ses dérivés. C'est leur inefficacité, leur emploi erroné, ou, et c'est de plus en plus fréquent, la demande d'un diagnostic précis de la cause de leur difficulté érectile, qui ont conduit nombre d'entre eux à consulter un spécialiste. Celui-ci a le devoir d'établir un diagnostic précis et de présenter les options thérapeutiques. Nous allons voir ce qu'il en est réellement.

CHAPITRE 6
Étude critique des traitements

« Un homme pour moi a toujours été la fête,
pas la routine à la maison.
Alors je ne veux pas qu'on m'abîme ma fête. »

Françoise Giroud

« Vous savez docteur, vous êtes ma dernière chance, j'ai tout essayé et rien ne marche. »

Cette phrase, H. et R. l'entendent presque quotidiennement.

Pourtant, comme mentionné au début de cet ouvrage, il y a toujours une solution possible pour remédier à l'impuissance. Les patients, tout comme de très nombreux soignants, l'ignorent ou feignent de l'ignorer.

Les solutions sont souvent composites, ce qui rend extrêmement compliquée l'évaluation statistique de leur efficacité, prises individuellement.

Les traitements simples

Le Viagra et ses suiveurs, antioxydants et testostérone, sont efficaces quand le bilan indique une atteinte modérée accessible à leurs actions conjuguées. Ainsi le sildénafil (Viagra) et les molécules mises sur le marché ultérieurement – tadalafil (Cialis[65]), vardénafil (Levitra), avanafil (Spedra) – appartiennent à une famille chimique dont la caractéristique est de bloquer l'enzyme (phosphodiestérase) qui détruit la molécule active nécessaire au déclenchement de l'érection. Ces facilitateurs de l'érection n'agissent favorablement qu'à deux conditions : une imprégnation suffisante en testostérone et une stimulation sexuelle concomitante. Quant aux antioxydants, ils luttent contre les effets du stress oxydatif. Celui-ci génère une production exagérée de radicaux libres ne pouvant être compensée par les mécanismes anti-oxydants physiologiques. Ces radicaux libres endommagent les cellules et provoquent diverses affections. Au niveau du pénis, ils lèsent le fragile endothélium qui tapisse les lacunes caverneuses. Les aliments et compléments alimentaires anti-oxydants sont donc une aide utile du traitement des dysfonctions érectiles d'origine vasculaire. Tous ces traitements doivent être associés à des conseils hygiéno-diététiques de bon sens, à savoir la suppression des facteurs de risque qui favorisent le surpoids, l'addiction au tabac, au

---

65. Le tadalafil a une durée d'efficacité prolongée, de vingt-quatre heures. L'expérience a montré qu'il pouvait être pris quotidiennement à dose faible (5 milligrammes) pour une érection plus aisée. Cela n'exclut pas la possibilité de l'utiliser à des doses plus forte (10 ou 20 milligrammes) de façon ponctuelle.

cannabis, à l'alcool bien sûr, tout en sachant que ce dernier, à dose raisonnée est un bon désinhibiteur ! À ce propos, le rôle essentiel d'une prise en charge cohérente des dysfonctions érectiles est de désamorcer l'anxiété de l'échec sexuel majorée par la perte d'espoir face aux échecs thérapeutiques répétés.

R. se souvient : Bertrand, 24 ans, se plaint depuis ses toutes premières tentatives d'une érection instable. Un vrai chemin de croix, d'échec en échec. Vingt tentatives d'actes sexuels, toutes aussi frustrantes. Il n'essaie même plus, recroquevillé dans sa solitude. Le diagnostic indique uniquement une anomalie modérée au niveau veineux ne nécessitant pas, après discussion collégiale, une chirurgie, tant l'angoisse de l'échec paraît prédominante. Je lui explique les motifs de cette décision. Et plutôt que de reprendre l'antienne digne des médecins de Molière du « c'est dans la tête », je lui explique en détail le blocage chimique opéré par l'anxiété qui secrète un trop-plein d'adrénaline et bloque l'érection… Avec une aide médicamenteuse appropriée, sa compréhension du problème et sa volonté, il résoudra, comme bien d'autres avant lui, son problème. Mais il sait aussi qu'il existe une solution de rechange, au cas où le trouble persisterait. Le jeune homme désespéré à son arrivée repart plein d'espoir…

H. évoque alors son patient, Bernard, 67 ans, veuf depuis huit ans, qui vient de retrouver une compagne. Un cas emblématique. Bernard n'a pas eu de rapport sexuel depuis son veuvage douloureux. Seulement quelques masturbations occasionnelles. Mais le voilà depuis peu de nouveau amoureux, et il souhaite reconstruire, avec cette ancienne amie retrouvée, une vie de couple. Mais la reprise érectile est difficile. Son médecin traitant lui a prescrit du Viagra, puis les autres pilules de la même famille chimique, sans succès. « Pourtant, mon bilan est tout à fait rassurant, avec un test d'érection positif dont le résultat provoque chez Bernard un large sourire. Je le revois quelques jours plus tard avec le résultat de son taux de testostérone, qui est très faible. Comme on l'a vu, dans ce cas, la petite pilule bleue fonctionne mal. Après compensation du déficit hormonal, elle devient efficace… et Bernard peut vivre une vraie lune de miel. Si ce traitement ne fonctionnait pas, l'avais-je rassuré, il y aurait, comme pour Bertrand, la solution des auto-injections intracaverneuses. »

Prescrire la testostérone est un geste simple, mais les médecins généralistes en sont empêchés, on l'a vu, par une réglementation inepte et une pusillanimité entretenue par un principe de précaution suranné. Toutes les études sérieuses montrent le bénéfice et l'innocuité de la compensation du déficit de la testostérone, en particulier au-delà de la cinquantaine. Tout cela, Bernard l'ignorait. Tout comme la quasi-totalité de nos confrères généralistes ; quant aux spécialistes, ils feignent souvent de l'ignorer.

Le traitement par auto-injection intracaverneuse

Il est proposé quand les traitements simples sont inefficaces, et recommandé lorsque le bilan montre que le patient est répondeur et lorsqu'une réparation chirurgicale simple est impossible ou non souhaitée par celui-ci.

Une fois vaincue la crainte de l'auto-médication, parce que la technique est bien présentée et démontrée, apparaissent très vite les avantages de la méthode : son extrême efficacité et ses implications sexuelles inattendues et rarement mises en avant. S'agissant d'un traitement local, les effets secondaires, que l'on observe avec les traitements de type Viagra dans près de 20 % des cas, sont quasi inexistants avec les auto-injections. En effet, contrairement aux molécules qui se diffusent dans tout l'organisme lorsqu'elles sont ingérées, avec les inconvénients déjà décrits, les injections agissent uniquement sur le tissu érectile. De plus, la durée de l'érection induite par le médicament injecté ne disparaît pas avec la survenue de l'éjaculation, ce qui permet une harmonie sexuelle bien meilleure, et d'ailleurs ressentie par tous les couples. Ce traitement constitue également une solution efficace à cette plaie de la vie sexuelle qu'est l'éjaculation précoce.

Alors que les pilules sont facilitatrices et nécessitent donc des stimuli suffisants, les injections créent l'érection, quoi qu'il arrive. Elles permettent ainsi à ceux dont la commande nerveuse est blessée (fractures de la colonne vertébrale ou du bassin, séquelles d'intervention sur les organes du petit bassin) d'être de nouveau « fonctionnels ».

Bien plus, l'injection est efficace même si le désir s'est amenuisé. Ce que le regretté Wolinski résumait superbement dans un dessin où l'on voit une femme allongée, lascive, et qui se demande ce que fait son homme qui tarde à la rejoindre. Il lui dit : « Tu vois chérie, avant je bandais parce que je te désirais ; aujourd'hui pour te désirer il faut que je bande... » Double leçon de physiopathologie : il montre le va-et-vient neurologique entre pénis et cerveau, et notamment les réflexes proprioceptifs à partir du pénis qui stimulent les aires sexuelles cérébrales, lesquelles renvoient des signaux positifs vers le pénis. Par ailleurs, l'injection intracaverneuse gomme la diminution avec le temps de l'attractivité sexuelle directe de la personne aimée, ce que le journaliste Frédéric Joignot[66] nomme « l'usure des corps ». Mettre l'amour et le désir de l'autre sur la même ligne. Ce qui donne une supériorité indéniable à l'efficacité de ce traitement comparé à celle des « pilules[67] ».

Enfin, à l'inverse de ce que l'on peut lire sur Internet, ces traitements ne sont pas dangereux. En particulier, ils n'entraînent pas le risque de priapisme, à condition d'avoir installé le traitement soigneusement avec le patient avant de le laisser pratiquer seul ; il ne favorise pas plus la survenue de fibrose des corps caverneux. Une très robuste étude rétrospective incluant plus de 500 patients suivis pendant cinq à vingt-huit ans le démontre[68]. Le patient doit se soumettre à un protocole précis pour lequel il signe un accord. L'apprentissage est toujours dispensé par le médecin, devant qui le patient se fait la première injection afin d'évaluer le dosage requis. Il lui est

---

66. Voir son blog et son livre, *Maladie d'amour* (Paris, Nova Éditions, 2013).

67. Ronald Virag, *La Pilule de l'érection et votre sexualité : mythes et réalités*, *op. cit.*

68. Ronald Virag, « Auto-traitement des dysfonctionnements érectiles par injections intracaverneuses de médications vaso-actives. Étude d'une cohorte de 542 patients suivis de 10 à 28 ans », *e-mémoires de l'Académie nationale de chirurgie*, vol. 9, n° 4, 2010, p. 72-76.

ensuite remis une série de quatre à six seringues dosées de manière croissante pour trouver la dose efficace en situation, celle autorisant une satisfaction des deux partenaires et une disparition spontanée de l'érection. Le patient dispose aussi d'un antidote au cas où une érection se prolongerait trop longtemps. Et si tel était le cas, les doses suivantes seraient réduites de moitié. Au terme des essais, le patient est revu pour la mise en place définitive du traitement, puis tous les six mois pour le contrôle et le renouvellement du traitement si nécessaire. Par sécurité, un service de garde téléphonique est assuré vingt-quatre heures sur vingt-quatre.

Comment d'ailleurs imaginer un risque de priapisme, puisque tous les patients sous ce traitement sont munis de l'antidote efficace qu'ils pourront s'administrer eux-mêmes si nécessaire… Quant à la prétendue fréquence de l'abandon rapide de la méthode, relayée par de nombreux sites, médicaux ou non, et quelques études anciennes ou parcellaires, elle est contredite par la pratique. Au quotidien, nous voyons chaque semaine des patients qui se traitent depuis presque trente ans. Ils nous gratifient souvent d'un : « Docteur, vous avez changé ma vie ! » Oui, parfois on peut parler de sauvetage.

Un autre effet de ce traitement, et non le moindre, est de contrer la crainte de l'échec de la « première nuit », particulièrement prégnante dans certaines cultures ou pour des raisons confessionnelles. Le déferlement de l'adrénaline généré par la peur de l'échec empêche l'érection de se produire. Seule l'injection peut alors prévenir ce phénomène immédiatement handicapant, et à l'avance angoissant, car il se répète à chaque tentative. Il en va de même pour les traitements de l'infertilité lorsqu'on préconise au couple des rapports à date, voire à heure fixe. Monsieur a souvent du mal à s'exécuter. Ici encore, l'érection induite par l'injection est efficace et salvatrice.

Bref, ce traitement peut être prescrit pour de nombreuses indications et à tous les âges. Certes, il n'est pas évident de prime abord d'envisager de se piquer soi-même. Mais, en définitive, c'est parfaitement vécu dans l'immense majorité des cas.

R. : Il me revient une très ancienne histoire datant de la fin du xxe siècle, bien avant la mise sur le marché du Viagra. Un de mes amis, dentiste, m'envoie en consultation un grand industriel dont il est le camarade, et qui vit un amour passionné et clandestin avec une jeune femme de son entreprise. Blocage total de l'érection, manifestement par angoisse de l'échec. Je propose à ce patient, en le lui expliquant dans le détail, le seul traitement alors disponible : les auto-injections. La réponse de cette personne, connue pour son franc-parler, fuse : « C'est nul votre truc, vous n'y pensez pas. Jamais je ne me ferai ça… » J'étais certain de ne plus le revoir, quand, un vendredi soir où je m'étais attardé à étudier des dossiers et que toute mon équipe était partie, on sonne à la porte… Mon patient rétif se trouvait là, tout sourire. « Vous vous souvenez de moi docteur ? J'aimerais essayer le traitement dont vous m'avez parlé… » Interloqué, je me suis surpris à bégayer : « Bon… Appelez lundi, on vous donnera un rendez-vous… » Et lui, avec le ton autoritaire de celui qui ne souffre aucune contestation : « Ah ! mais c'est tout de suite, vous comprenez, j'en ai besoin ce soir… »

C'était il y a plus de trente ans, et il se traite toujours avec ce qu'il appelle « la potion magique ». Lorsque plus tard il a essayé le Viagra, il a dit sur le même ton péremptoire : « Comparé aux injections, c'est nul ce truc. »

H. se rappelle deux autres histoires caractéristiques.

Celle de Kamel, 32 ans, qui échoue systématiquement à créer un couple depuis un fiasco initial qui l'a meurtri. Il n'en peut plus de cette situation qu'il qualifie lui-même d'invivable. De psys en pilules incapables de le guérir, il désespère. « Vous savez, madame, je ne peux même plus regarder une femme sans rougir ; si elle me regarde, je baisse les yeux et me mets à trembler. » H. s'interroge : tous les examens indiquent un fonctionnement excellent et le test d'érection est très largement positif. « On va pouvoir vous soigner, revenez demain, je vous apprendrai à vous piquer. » Le lendemain, Kamel revient tout sourire : « Vous savez, la princesse, j'ai pu la regarder et lui parler sans trembler. On va se revoir. » L'auto-injection lui a permis de surmonter l'épreuve de la première nuit avec ladite princesse. Un vrai conte de fées.

Maurice, lui, a 64 ans. Il sort d'une galère de couple, son enfant étant atteinte d'une grave affection congénitale. Dix années sans relations sexuelles qui se sont achevées par un divorce. Une rencontre récente et prometteuse (« Tout nous rapproche », confie-t-il) qu'il redoute d'affronter par crainte de l'échec, et ce d'autant qu'il se sent « moins réactif qu'autrefois ». Les examens prouvent que les relations sexuelles sont possibles avec un traitement simple. Cependant, il veut être certain de ne pas échouer. Une sorte d'assurance tous risques.

Seules les auto-injections lui donneront cette certitude. Il reviendra me voir avec sa compagne, pour me remercier.

Quelques exemples parmi des centaines, des milliers de consultations, dans le monde entier. Avec quarante ans de recul sur l'innocuité et l'efficacité de ce traitement, il n'est pas compréhensible de le voir ravalé par les recommandations des « sociétés savantes » au rang de traitement de deuxième ligne[69], ce serait comme si le PSG et Mbappé jouaient en deuxième division…

Notre propre expérience nous a appris que l'auto-injection devait être prescrite d'emblée dans de nombreuses situations, où l'évaluation montre à l'évidence que les traitements simples ne fonctionnent pas. Pourquoi alors perdre du temps et surtout miner la confiance des patients, voire les décourager de se traiter ?

L'intervention chirurgicale

La chirurgie vasculaire souffre d'un ostracisme encore plus grand alors qu'elle offre de très séduisantes possibilités de succès, attestées par des études récentes confirmant les

69. Fondée sur l'EBM (Evidence Based Medecine), la pratique des recommandations par les sociétés savantes prend trop souvent ici un caractère dogmatique et très éloigné de la pratique courante. L'une des raisons est l'hyper-spécialisation de ces structures dans un domaine qui, au contraire, demande de la transversalité. Les deux principales victimes de ce dogmatisme sont le traitement par auto-injection, injustement qualifié de dangereux, et la chirurgie vasculaire, ignorée ou toujours considérée comme expérimentale quarante ans après qu'elle a vu le jour !

nôtres plus anciennes[70]. Aujourd'hui, elle bénéficie en effet des progrès de l'évaluation des lésions par l'échographie et le scanner sous érection provoquée, techniques qui permettent de localiser avec précision l'endroit où se porteront les gestes opératoires qu'autorise la chirurgie vasculaire ouverte et endovasculaire. Elle corrige le non-maintien de l'érection consécutif à l'absence de blocage du sang dans le pénis en raison d'anomalies veineuses souvent complexes, pouvant se manifester dès le début de la vie sexuelle. Dans les cas les plus sévères, qui ne sont pas rares (1 à 2 % des hommes de moins de 25 ans), elles empêchent ou rendent très incertaines les relations sexuelles. Souvent, elles se démasquent plus tard, en raison d'une artériosclérose débutante et ou de facteurs hormonaux, psychologiques ou neurologiques, qui, en provoquant un remplissage moindre des cylindres érectiles, révèlent des voies de drainage surnuméraires jusque-là muettes.

L'avantage de la chirurgie vasculaire est d'offrir la restauration d'une érection naturelle, par contraste avec l'implant pénien qui, lui, propose une transformation radicale de l'obtention et du maintien de l'érection. Une publication récente de notre équipe dans une revue européenne prestigieuse confirme le bien-fondé de cette démarche[71].

---

70. On trouvera une documentation exhaustive dans le numéro spécial de la revue *Phlébologie, annales vasculaires. Les dysfonctions érectiles aujourd'hui*, vol. 74, n° 4, décembre 2021, p. 10-104.

71. Éric Allaire, *et al.*, « Erectile Dysfunction Resistant to Medical Treatment Caused by Caverno-Venous Leakage : an Innovative Surgical Approach Combining

Le chirurgien vasculaire peut également espérer améliorer l'arrivée du sang dans le pénis en dilatant des rétrécissements que l'on aura constatés au niveau des artères pudendales. L'amélioration constante des instruments et leur miniaturisation le permettent. Une série de patients qui vient d'en bénéficier est en cours d'évaluation, avec des premiers résultats très encourageants.

Les prothèses

Les implants péniens sont des prothèses en silicone que l'on insère dans les corps caverneux du pénis. Le principe d'obtention de la rigidité par implantation d'un matériau remonte au premier tiers du xxe siècle. Ce fut d'abord un fragment de côte, puis des implants rigides ou semi-rigides, avant le développement des implants gonflables[72]. Ces derniers sont les plus fréquemment utilisés aujourd'hui, car ils simulent la physiologie érectile, autorisant la flaccidité et le passage en érection par le biais d'un petit gonfleur placé sous les testicules. Des tubulures le relient aux deux cylindres intra-caverneux et à un réservoir contenant du sérum physiologique placé sous la musculature abdominale. Le liquide circule ainsi en circuit fermé, permettant l'érection et sa disparition. Avec l'expérience acquise par les chirurgiens et l'amélioration constante

---

Preoperative Work-Up, Embolisation and Open Surgery », *European Journal of Vascular and Endovascular Surgery*, vol. 61, n° 3, mars 2021, p. 510-517.

72. Inventés par Frank Brantley Scott.

du matériel implanté, les complications sont de plus en plus rares et le taux de satisfaction très élevé (90 %), y compris pour les partenaires. L'implant est également utilisé lorsqu'une reconstruction pénienne est nécessaire, en cas de traumatisme délabrant ou de maladie de La Peyronie avec une déformation importante, ainsi que dans la chirurgie transgenre.

Malgré son efficacité indéniable, l'implant pénien est le mal-aimé des solutions thérapeutiques proposées pour traiter les dysfonctions érectiles. Considéré comme une solution ultime, comme une sorte de godemichet implanté, il est trop souvent rejeté a priori faute d'explications approfondies, comme cela doit être le cas pour chacun des traitements évoqués ici. Avec la proposition de mise en place d'un implant, c'est encore plus crucial car il n'y a pas de retour en arrière possible. Cela crée une double obligation de diagnostic et d'efficacité. D'où la trop fréquente pusillanimité des décideurs et des candidats, malgré les excellents résultats rapportés dans de nombreuses études sérieuses.

Les traitements nouveaux

On les nomme ainsi quand ils sont en cours d'évaluation.

Parmi eux, le plus prometteur est constitué par le recours aux propres cellules du patient utilisées pour « régénérer » les tissus ou les organes malades. Popularisé sous le nom de PRP (acronyme anglais de « Plasma riche en plaquettes »), il consiste à prélever le sang total du sujet et à le centrifuger pour séparer les globules rouges du plasma ; c'est ce dernier qui va être réinjecté dans les tissus pathologiques du patient. Ce plasma concentre alors trois fois plus de plaquettes qui, en s'activant, libèrent des facteurs de croissance régénérants, anti-inflammatoires et anti-fibrotiques. Déjà utilisé dans de nombreuses pathologies, nous l'avons proposé dans une maladie orpheline de tout traitement efficace, la maladie de La Peyronie, déjà évoquée. Elle affecte l'enveloppe élastique des corps caverneux. Dans le cas de cette maladie, l'albuginée, pour des raisons encore obscures, se fibrose, s'épaissit et ne joue plus son rôle physiologique d'allongement-élargissement au moment de l'érection. Cela entraîne des déformations invalidantes, avec une difficulté ou une impossibilité de la pénétration. Le retentissement psychique est souvent important, le sujet atteint ne supportant pas de voir son organe viril déformé et perdant en longueur. Comme lors de la dysfonction érectile, il en résulte une politique d'évitement des rapports. Le traitement innovant par plasmathérapie que nous avons proposé[73] – un terme plus approprié que PRP, car c'est la totalité du plasma injecté qui apporte le maximum de molécules actives – permet de diminuer les effets néfastes de la maladie dans 70 % des cas. Bien plus, nous avons eu la surprise de constater que dans un tiers des cas de notre première série, les patients rapportaient spontanément, outre

73. Ronald Virag, *et al.*, « Nouveau traitement de la maladie de La Peyronie par injection de plasma autologue enrichi en plaquettes (PRP) et acide hyaluronique. Résultats préliminaires », *e-mémoires de l'Académie nationale de chirurgie*, vol. 13, n° 3, 2014, p. 96-100 ; Ronald Virag, *et al.*, « Evaluation of the Benefit of Using a Combination of Autologous Platelet-Rich Plasma and Hyaluronic Acid for the Treatment of Peyronie's Disease », *Sex Health Issues*, vol. 1, n° 1, janvier 2017, p. 1-8.

l'amélioration de la déformation, une amélioration de leurs érections. Nous avons donc initié un nouveau protocole pour certains cas de troubles de l'érection[74].

La médecine régénérative, car c'est ainsi qu'il faut nommer cette nouvelle thérapeutique, est appelée à un grand avenir en raison de sa simplicité et de son efficacité. Les mécanismes biologiques en jeu sont encore en évaluation, mais très prometteurs. Nous l'appliquons dans des indications précises en fonction du bilan diagnostique. Cependant, cette nouvelle approche, déjà populaire dans de très nombreux autres domaines, demande à être maniée avec beaucoup de rigueur dans le traitement des troubles sexuels de l'homme : indications choisies, injections sous contrôle échographique, critères d'évaluation rigoureux pour ne pas tomber dans les travers du traitement mentionné ci-dessous…

Attention aux ondes de choc de basse intensité

Elles sont un exemple des dérives actuelles du système médical contemporain. La technique qui consiste à appliquer sur le pénis, en séances répétées, des ondes de choc de basse intensité paraissait a priori séduisante. Plusieurs centres

74. La procédure est simple : sous anesthésie locale et contrôle échographique, on injecte le plasma soit dans l'albuginée, soit dans les corps caverneux, soit dans les deux. Le plasma est obtenu par centrifugation de 25 millilitres de sang prélevé dans une veine du bras. Il n'y a aucun effet secondaire. La procédure est répétée à quatre reprises espacées d'un mois, puis évaluée et entretenue en fonction de l'évolution.

réputés pour leur sérieux l'expérimentent (nous-même à deux reprises) et concluent à une efficacité plus que limitée. Les industriels ne jettent pas l'éponge et font réaliser des tests sans grande validité scientifique. Qu'à cela ne tienne, ils suscitent une méta-analyse qui conclut à l'efficacité de la méthode sur des critères discutables. Une critique objective de ce travail, signée par trois experts[75], n'empêche pas la firme de distribuer dans le monde entier une machine dont les effets positifs sont très faibles.

Les traitements du futur, porteurs d'espoirs :

- La thérapie cellulaire autologue (plasmathérapie) verra sans doute un prolongement plus sophistiqué sous la forme d'injection de cellules souches. Déjà testée sur l'animal et en essais cliniques[76].
- Dans un futur plus lointain, des cultures de tissus à partir de cellules encore saines du patient pourront reconstituer des corps caverneux[77] ou de l'albuginée. Elles ont déjà fait leurs preuves sur l'animal.
- Des améliorations dans la chirurgie vasculaire de reconstruction et des implants nouveaux avec le développement de dispositifs à mémoire de forme.

---

75. Francesco Montorsi, Claude Schulman, Ronald Virag, « About Low Intensity Shockwave Therapy », *European Urology*, 2019.

76. René Yiou, *et al.*, « Safety of Intracavernous Bone Marrow-Mononuclear Cells for Postradical Prostatectomy Erectile Dysfunction; an Open Dose Escalation Study », *European Urology*, vol. 69, nº 6, 2016, p. 988-991.

77. Patel Marish, Anthony Atala, « Tissue Engineering of the Penis », *The Scientific World Journal*, vol. 11, décembre 2011, p. 2567-2578.

- La transplantation du pénis est techniquement assez aisée à réaliser mais elle pose deux problèmes : la lourdeur du traitement antirejet et son caractère aléatoire sur le plan psychologique ; les premières tentatives se sont soldées par le suicide du récipiendaire ou le rejet par la partenaire. Une revue récente comptabilise cinq transplantations depuis la première en 2006, avec quatre pénis fonctionnels immédiatement, et un qui aurait été retiré au bout de quinze jours. Cette chirurgie d'exception semble très sujette au rejet. Un problème supplémentaire d'ordre éthique est l'acceptation par la famille du donneur de voir le décédé privé de son pénis. Ce fut l'obstacle auquel nous nous sommes heurtés quand, avec le professeur Jean-Michel Dubernard, nous avions envisagé un programme de transplantation de pénis[78].
- La recherche pharmacologique dans le domaine de l'érection est cantonnée aux essais sur l'animal et ne trouve pas de traduction en recherche clinique humaine, sauf pour développer des molécules semblables à celles déjà existantes. Un champ immense reste presque vierge : celui de la baisse ou de l'absence du désir, même si récemment une molécule, la kisspeptine, fait l'objet d'une étude prometteuse. À vrai dire, un nombre restreint de start-up explorent ce champ pourtant essentiel de la pathologie humaine. Une seule y est réellement consacrée en France,

78. Le professeur Nicolas Morel-Journel (Hospices civils de Lyon) est porteur d'un nouveau projet pour réaliser des transplantations de pénis en France (communication personnelle).

elle est privée et a été créée par le médiatique chirurgien urologue Laurent Alexandre, et est animée par l'urologue andrologue François Giuliano[79].

Ce constat fait partie du plaidoyer que nous exposons ici pour la prise en charge cohérente des dysfonctions érectiles, qui devrait s'appuyer sur une recherche spécifique clinique et fondamentale, et sur de véritables études sociologiques et anthropologiques de ce que représente l'érection dans la construction de la masculinité.

« Qu'est-ce que l'érection ? interroge le philosophe Pascal Bruckner. Un état de branchement potentiel, un appel au contact, une passerelle lancée vers autrui… Une aspiration à envahir l'autre, à se confondre avec lui. Elle seule nous offre ce sentiment océanique de ne faire qu'un avec lui, nous ouvre de l'intérieur aux contrées fascinantes de la jouissance[80]. »

---

79. Pelvipharm.

80. Pascal Bruckner, *Le Paradoxe amoureux*, Paris, Grasset, 2009.

CHAPITRE 7

L'importance de l'autre

« Abandonner le sexe aux féministes, c'est confier son chien à l'empailleur. »

Camille Paglia[81]

En définitive, tout cet exposé technique, tous ces efforts déployés pour restaurer une érection suffisante, pourquoi ? Pour qui ?

Au-delà de la détérioration de leur image virile, de leur dévalorisation en tant qu'homme, il existe chez presque tous nos patients un grand désarroi. Tantôt d'être condamnés à la solitude parce qu'incapables, en raison de leur dysfonction érectile, de constituer un couple, tantôt d'être minés par la peur de perdre une compagne qui ne supporte pas l'absence de pénétration.

Pénétration : le grand mot est lâché. Et en écho aux propos de Bruckner sur l'érection, Nancy Huston répond à propos de

---

81. Camille Paglia, *Femmes libres, hommes libres. Sexe, genre, féminisme*, Paris, Hermann, 2019.

ce que pense la femme sur ce qu'elle nomme sans détour « le cul des femmes » : « Elle sait, la femme, qu'il est privé et elle sait pourquoi : il est le lieu de notre lien avec le mystère du temps, de notre origine, de l'être même, du naître, du fait que nous tous, hommes et femmes, êtres pensants, dansants, pleurants, travaillants, avons démarré notre existence en cellules minuscules dans le tréfonds du ventre d'une femme[82]... » Le pénis pénétrant pour créer une vie, à en croire celle-ci, aurait généré un lien inaliénable homme/femme, producteur à jamais d'un ineffable et indispensable plaisir.

R. : Ce que j'ai appelé ailleurs[83], en parlant des deux appareils sexuels, masculin et féminin, de la rencontre physique. « Le tenon et la mortaise » sont-ils indispensables à la satisfaction sexuelle, à l'harmonie du couple ? Si la réponse est oui, alors notre combat est légitime et indispensable.

H. : Pour ma part, je le pense. Rappelle-toi, tu m'as lu ce passage si pertinent de *Petit éloge du désir*. Dans la bouche de l'amant de la narratrice : « Ce membre que j'ai glissé en toi est-il encore mien ? Cette chair qui palpite autour de lui, est-elle tienne ? Nous ne savons plus ce qui appartient à l'un ou à l'autre et nous croyons sentir une unique émotion[84]. » Mis dans la bouche d'un homme par l'écrivaine, ces mots me paraissent refléter le ressenti profond de la femme. À quel moment de la séquence amoureuse cette attirance indispensable se produit-elle ? Il me semble que l'homme doit la

---

82. Nancy Huston, *Reflets dans un œil d'homme*, Arles, Actes Sud, 2012.
83. Ronald Virag, *Le Sexe de l'homme*, Paris, Albin Michel, 1997, 2005, 2011.
84. Belinda Cannone, *op. cit.*

percevoir, et c'est tout le drame de la dysfonction érectile si la rigidité manque.

Rafaël, 56 ans, qui refait sa vie avec une partenaire un peu plus âgée que lui, me confiait qu'il se contenterait bien d'un partage de solitude avec de l'affection et des câlins; « Cependant, je me rends compte qu'elle souhaite bien plus, et moi je n'y arrive pas. En fait, je consulte essentiellement pour elle… »

L'autre, sans préjugé aucun quant à son sexe, tout en constatant l'omniprésence féminine, est le souci permanent de nos consultants. Bien loin de l'atmosphère bien-pensante actuelle anti-mâle orchestrée par #MeToo et #balancetonporc, cela paraîtrait inaudible si nous n'avions pas plus de quarante ans de pratique, et le recul de près de 30000 patients. Des prédateurs sexuels, nous n'en avons jamais connus ou identifiés. Nous avons rencontré quelques collectionneurs, quelques libertins, en tout petit nombre. En revanche, beaucoup d'hommes seuls, oui, et des couples, les premiers mus par la recherche de la partenaire idéale, les seconds par la recherche de l'harmonie que confère un acte sexuel réussi, donc pénétrant.

Qu'avons-nous appris globalement des femmes, ou des hommes, qui accompagnent leur époux ou leur compagnon à nos consultations? Les réponses sont variables, quel que soit le sexe, mais assez stéréotypées.

- Les minoritaires : ces femmes qui subissent et sont passives, silencieuses : « Je t'accompagne mais c'est ton problème. » En général, c'est un couple ancien dans lequel l'harmonie n'existe plus vraiment et où l'activité sexuelle s'est raréfiée.

Les effets de la ménopause n'ont pas été pris en compte, et lors de l'entretien final, il conviendra de mettre en avant la question du traitement hormonal substitutif[85] pour la compagne, en parallèle de la prise en charge du mari. Nous y reviendrons dans le dernier chapitre. Dans ce cas, le praticien doit être persuasif : « Non, ce n'est pas uniquement son problème, c'est le vôtre aussi, madame, et nous le résoudrons ensemble. » On peut ajouter que les hommes consultant seuls expriment souvent leur mécontentement de la raréfaction des rapports et du manque d'entrain de leur compagne, et nous interrogent sur les moyens de redonner de « la libido à mon épouse, qui s'occupe plus de ses petits-enfants que de moi ».

- Les plus nombreuses, heureusement, sont très concernées. On le discerne dès la salle d'attente quand il s'agit de remplir le fameux questionnaire aux 30 items. Soit elles tiennent le crayon, soit elles discutent tel ou tel point. Lors de l'entretien, elles se montrent beaucoup plus factuelles que leur compagnon.

H. à R. : Te souviens-tu de Mme S. qui, pendant que j'effectuais le test pharmacologique à son mari, est venue soudain vérifier manuellement la rigidité du pénis de son homme… me signifiant qu'elle appréciait favorablement le résultat obtenu !

Les situations sont multiples, mais la plupart des couples paraissent solides en dépit du handicap sexuel. Manifestement,

85. Voir chapitre 9 : « Les femmes aussi », p. 143.

ils l'affrontent ensemble. Les situations sont souvent touchantes. Comme celle de Martine, 72 ans, qui, après un veuvage de vingt ans, a retrouvé un compagnon à peine plus jeune, divorcé de longue date.

R. : « Vous savez, me dit-elle, avant moi il a eu de nombreuses maîtresses… »

Lui : « Je ne comprends pas, nous nous aimons, mais pour moi cela ne se traduit pas physiquement. Ma libido est en panne. »

Elle : « En un an, nous avons fait l'amour deux fois, la semaine où je m'étais procuré sur Internet un gel de testostérone. J'ai eu peur de continuer sans contrôle médical et je vous ai trouvé… »

Après des explications et une mise au point technique qui les satisfont, elle revient, seule, dans le bureau de R. : « Est-ce que vous vous occupez aussi de la sexualité des femmes ? »

« Non, pas spécifiquement mais il nous arrive de conseiller les compagnes de nos patients avant de les confier à une consœur spécialisée si nécessaire. »

Martine fixe R. d'un beau regard de porcelaine bleu : « Comment expliquez-vous qu'après un si long sommeil sexuel – près de vingt ans –, toutes les sensations soient revenues avec un désir tellement intense ? Suis-je normale ? »

« Bien sûr, normale et certainement en bonne santé ! »

Plus tard, comme je contais l'histoire à H., m'est revenue une anecdote concernant la Princesse Palatine, à qui on demandait jusqu'à quand durait le désir et qui répondit : « Je ne sais pas, je n'ai que quatre-vingts ans ! »

À une époque où près de 50 % des mariages se terminent par des divorces, on constate, depuis notre cabinet, de plus en plus de nouvelles unions entre deux êtres s'étant connus longtemps auparavant.

« J'ai retrouvé l'envie de vivre, raconte Roland à H. À la suite d'une rupture éprouvante, je suis resté dix ans tout seul, dépressif et sans désir, puis j'ai retrouvé mon premier amour. Nous avions flirté sans plus et fait notre vie chacun de notre côté. Le hasard nous a réunis, mais j'étais incapable de la satisfaire… Grâce à vous, nous vivons pleinement cette nouvelle vie. »

Avec l'allongement de la durée de vie et souvent le désir qui ne s'éteint pas avec l'âge, on voit de plus en plus souvent ces couples qui souhaitent vivre pleinement son accomplissement. Et le frein principal, c'est l'érection qui défaille souvent après la cinquantaine et bien sûr au-delà.

Un autre scénario fréquent est celui de ces couples consultant après une intervention chirurgicale ayant provoqué chez l'homme une impuissance souvent sévère et définitive. Les compagnes partagent le handicap et participent activement au traitement, en particulier quand il s'agit des auto-injections, qu'elles prennent volontiers la décision d'effectuer elles-mêmes. Elles feront de même dans des situations encore plus dramatiques de handicap neurologique.

R. raconte l'histoire de l'épouse de ce grand photographe[86], victime d'un très grave AVC l'ayant laissé tétraplégique, mais parfaitement conscient et désirant, venue quérir les fameuses

---

86. Ronald Virag, *Histoires de pénis : les maux du sexe*, Paris, Albin Michel, 2003.

auto-injections qu'elle lui effectuait chaque soir, avant de se coucher près de lui. Un dernier fil qui le raccroche à la vie.

Dans des couples plus jeunes, des femmes souffrent doublement du handicap de l'époux : frustration sexuelle et projet d'enfant contrarié. Richard a 44 ans lorsqu'il rencontre Jeanne, plus jeune de quatre années. Tous deux sont, à l'évidence, très amoureux. Regards tendres, ils se tiennent par la main lorsqu'ils s'assoient face à R. en lui tendant le questionnaire qu'ils viennent de remplir ensemble. Richard indique immédiatement que c'est Jeanne qui a découvert le centre sur Internet et qu'enfin, grâce à elle, on va rechercher la cause de son mal.

Jeanne à R. : Richard m'a très vite parlé de ses difficultés sexuelles… Je l'ai rassuré. On trouverait ensemble la solution.

Richard à R. : Vous comprenez bien que j'étais désemparé. Cela faisait depuis plus de vingt ans que je galérais. Toutes ces années, j'ai consulté : à chaque fois, la même ritournelle, vous n'avez rien de grave, vous êtes normal, c'est dans la tête. Pilules, hypnose, divan du psychanalyste. Rien sinon la terreur dès qu'une rencontre laissait supposer qu'on irait plus loin… Puis Jeanne qui m'a trouvé… Elle m'aime et veut un enfant de moi. Double challenge.

Un nombre croissant de couples de tous âges nous consultent ensemble. Et nous apprécions cette démarche car la prise en charge est plus aisée. En particulier, le colloque singulier devient entretien intime, fondé sur les comportements lors de l'acte sexuel. La qualité de l'érection bien sûr, mais aussi la gestuelle de l'un et l'autre. L'occasion d'une mise à niveau comportementale. Comme le dit l'écrivaine féministe

Camille Paglia[87] : « La sexualité et l'érotisme forment l'intersection compliquée de la nature et de la culture. »

A contrario, il y a celles que l'on ne voit pas, opposantes primaires pour diverses raisons, avec, citées en vrac, ces réflexions qui reviennent le plus souvent : « C'est ton problème, moi je vais bien » ; « Si tu n'as pas d'érection, c'est que tu ne m'aimes pas » ; « Si tu n'as pas ou plus envie, c'est qu'il y en a sûrement une autre ».

Parfois, la source du problème vient de désaccords techniques et stéréotypés : préliminaires, pénétration, jouissance partagée. De quoi parle-t-on ?

Lui : « Vous comprenez, docteur, ma femme veut tout de suite être pénétrée… »

Ailleurs, elle : « Vous savez, il ne sait pas me caresser ou m'attendre… »

L'inculture de la gestuelle sexuelle atteint parfois des sommets, nourrie d'une ignorance totale, et inouïe de nos jours, de la physiologie et de l'anatomie. S'y associe aujourd'hui, chez les plus jeunes, une éducation sexuelle sauvage fondée sur le visionnage, précoce, de films pornographiques *hard* qui engendre, chez les plus fragiles intellectuellement et les moins éduqués, plusieurs conséquences délétères : crainte de ne pas avoir l'anatomie adéquate, crainte de ne pas « durer » assez longtemps, découplage du sexe et du sentiment amoureux. Toutes les enquêtes le montrent, la pornographie est présente dans le quotidien des enfants dès l'école primaire, chez les garçons comme chez les filles.

---

87. Camille Paglia, *op. cit.*

Ceux qui s'y adonnent tôt acquièrent une vision déformée de la sexualité, la pornographie agissant comme une loupe grossissante d'une sexualité mécanique désincarnée de tout support affectif. La peur de ne pas être à la hauteur des athlètes du sexe vus dans les vidéos pornos est génératrice d'une surconsommation de pilules à visée érectile. Alors, ils se procurent sur Internet les pilules qui vont les rendre, pensent-ils, « ultra-performants ». Nous voyons en consultation des patients de moins de 30 ans ayant commencé leur vie sexuelle avec le Viagra et ne pouvant s'en détacher, alors même qu'ils n'ont aucune anomalie qui justifierait cette médication. Un phénomène fréquemment associé, et bien documenté par nos conversations avec les patients, est la bascule vers la masturbation compulsive. Certains confient une addiction réelle, combinant visionnage de vidéos pornos et masturbation répétée, pluriquotidienne. Quand arrive le moment des relations de couple se révèle une distorsion entre la sexualité du couple et la pratique solitaire, avec très souvent une incapacité pour eux de jouir avec la partenaire. Toute une rééducation est alors indispensable, en commençant par le sevrage du porno et de la masturbation. Autre phénomène en hausse, le souhait d'avoir un pénis plus gros, plus long, comme ceux visionnés sur les sites pornographiques.

Le pénis super-star sur Internet

La sexualité sous toutes ses formes est le sujet le plus abordé sur Internet. Un ancien ingénieur data de Google[88] a étudié l'utilisation du mot pénis chez les hommes et les femmes. Pour les premiers, la question des dimensions du pénis est la plus fréquente, et l'auteur de l'étude fait remarquer, non sans humour, que le questionnement des hommes sur cet organe dépasse celui sur tous les autres, même en incluant à la liste le cerveau ! À l'inverse, la proportion des femmes se préoccupant de la dimension du sexe de leur partenaire est de une pour 170 ! Et 40 % d'entre elles qui se questionnent sur le sujet se plaignent d'un pénis trop volumineux ! Leur récrimination concerne davantage le fonctionnement que l'apparence, qui, elle, focalise l'attention de l'homme. Notre ingénieur data le constate encore en fouillant les entrailles de Google. Sur l'utilisation d'hormones, voici l'interrogation la plus récurrente : « Est-ce que ça ne va pas rendre mon pénis plus petit ? » Il s'agit des effets morphologiques potentiels de l'utilisation prolongée de la testostérone chez les jeunes adultes adeptes du culturisme, ou chez les hommes plus âgés qui veulent compenser la diminution de l'activité de leurs testicules vieillissants. Dans les deux cas, la testostérone exogène met au repos le cycle physiologique normal, et de ce fait entraîne une diminution du volume des testicules, mais en aucun cas de celui du pénis !

---

88. Seth Stephens-Davidowitz, *Everybody Lies*, Londres, Bloomsbury, 2018.

Au terme d'une longue journée de consultations en compagnie d'une de nos élèves, Jeanne, urologue déjà installée et se formant à nos techniques, nous évoquons les patients du jour et la variété des situations rencontrées.

H. à Jeanne : Ton jeune patient, Jules, a des érections normales, mais il est focalisé sur l'aspect de sa verge.

Jeanne : Oui, c'est ce que vous appelez le syndrome JMRLQTLJ[89]. Il me téléphone tous les jours. Il n'ose pas approcher les filles…

H. : L'un des avantages d'être femmes et médecins spécialisés, c'est d'être l'autre potentielle. Personnellement, dans ces cas, je les réassure d'un : « En ce qui me concerne, en tant que femme, je vous trouve tout à fait normal. »

Presque toujours, cela marque une insécurité sexuelle. Le prétexte d'une fuite devant l'objet du désir. Une stratégie d'évitement souvent inconsciente. Montrer que tout est normal avec le test d'érection pharmacologique est très souvent le préalable indispensable à une prise en charge plus psychologique et culturelle visant à remettre à sa place le rôle du pénis qui, certes, doit bien fonctionner mais ne doit pas monopoliser la scène des amours.

---

89. Acronyme de Je me regarde la queue tous les jours, inventé par H. et R. en souvenir d'une bande dessinée du regretté Georges Wolinski racontant l'histoire d'une enquêtrice à domicile qui aurait pour mission de mesurer le pénis des hommes. À l'homme examiné qui lui demande pour quelle institution elle travaille, il est répondu : JRLAQDH (« J'aime regarder la queue des hommes »). Ce clin d'œil qualifie un syndrome malheureusement très fréquent : ces hommes obsédés par leur pénis qu'ils perçoivent comme anormal sans que l'examen objective quoi que ce soit d'inquiétant.

« Vous savez, je suis gay. »

Nos patients homosexuels viennent exceptionnellement en couple, et mentionnent rarement d'emblée leur homosexualité. Certains la révèlent au cours de l'entretien initial d'un « vous savez, je suis gay », soit de façon décontractée, soit avec une gêne certaine qui nuit à l'ambiance du colloque singulier. Souvent, ils ne disent rien de précis, mais rapidement nous comprenons.

R. : Dans les cas où je ressens comme un malaise, j'ai un « truc » qui marche bien : « Vous savez, personne n'est parfait! » La dernière réplique du film de Billy Wilder, *Certains l'aiment chaud*... L'atmosphère se détend immédiatement...

H. : Moi, je le perçois très vite, mais je fais comme si de rien n'était.

Quoi qu'il en soit, le manque ou la faiblesse de l'érection doit être prise en charge de la même façon, même si l'on considérera la différence des comportements sexuels des gays par rapport aux hétéros : changements plus fréquents de partenaires, prévalence de l'infection au VIH, et, plus récemment, recours accru au « chemsex[90] ». Dans un tel contexte, l'apparence et l'intégrité fonctionnelle des organes

90. Au Congrès international d'addictologie de l'Albatros (juin 2022), Alexandre Aslan (hôpital Saint-Louis, Paris) a présenté une étude menée dans la communauté homosexuelle montrant la fréquence de cette pratique (près de 30 % d'entre eux). Elle consiste à obtenir un prolongement des sensations lors de l'activité sexuelle par la prise en injection d'un cocktail explosif de trois produits : GHB, cathinone et méthamphétamine. L'étude montre les dangers de cette pratique addictive. Un certain nombre de sujets masquent ou pensent compenser ainsi une dysfonction érectile (voir aussi la récente affaire Palmade).

sexuels et singulièrement du pénis seront encore plus prégnantes que dans la population hétérosexuelle. Pourtant, cela fait moins de dix ans que la communauté scientifique s'en soucie. Sur la plateforme PubMed qui recense tous les articles médicaux, 1 248 d'entre eux, depuis 2013, sont consacrés à ce sujet, dont seulement 214 pour les troubles érectiles chez les homosexuels. Les comparaisons avec les troubles sexuels des hétérosexuels sont compliquées, car la plupart des recherches, et notamment celles concernant l'efficacité des traitements, ont exclu – et c'est un scandale – les homosexuels. Dans toutes les études bien documentées, il apparaît que la dysfonction érectile est une fois et demie plus fréquente, en raison du traitement du VIH. De plus, les comportements à risque (absence de protection, prise de substances récréatives) sont d'autant plus fréquents que les patients sont plus jeunes et ont de nombreux partenaires. Cependant, la communauté homosexuelle n'a pas l'apanage des prises de risque, ni de la consommation de drogues illicites et facilitantes. Ces pratiques, nous les avons observées également chez les hétérosexuels libertins et les échangistes masculins. A contrario, depuis l'apparition du PACS, puis du mariage pour tous, on voit des homosexuels en couple, donc ayant des vies amoureuses plus stables, identiques à celles des hétérosexuels.

Une chose est sûre : quelle que soit l'orientation sexuelle, la dysfonction érectile est désastreuse.

CHAPITRE 8

Plaidoyer pour une prise en charge efficace

> « *Il faut s'occuper du malade*
> *et plus seulement de la maladie.* »
>
> Alain Toledano, *L'Art de soigner*, 2022[91]

Un patient souffrant de pathologies liées à la sexualité, qui peut-il consulter ? Si l'on se réfère à Google, l'offre est abondante. Si vous tapez « troubles de l'érection », vous obtenez 1 760 000 articles ; si vous ajoutez « solutions », vous vous limitez à 4 740 ; et si vous restreignez à « traitement sans ordonnance », vous n'avez plus accès qu'à 1 170 résultats, la plupart préconisant des médicaments qui devraient être prescrits par un médecin.

Dans tout ce fatras, comment un patient peut-il s'y retrouver, d'autant que l'offre médicale est également pléthorique ? Beaucoup sont clairement orientés marketing, oubliant la retenue scientifique et la déontologie pourtant indissociables de la bonne pratique médicale.

---

91. Alain Toledano, *L'Art de soigner*, Paris, Humensciences, 2022.

Alors, à qui s'adresse le patient souffrant de troubles de l'érection? Les quelques enquêtes qui ont été conduites montrent que c'est d'abord à son généraliste qu'il confiera du bout des lèvres son « problème », souvent à la fin d'une consultation sollicitée pour un autre motif. Le généraliste, encore plus s'il est médecin de famille, est mal à l'aise avec le sujet. Il va donc adresser son encombrant patient à un spécialiste. Mais lequel? Dans ce domaine aussi l'offre est foisonnante, avec des étiquettes plus ou moins évocatrices : andrologues, uro-andrologues, sexologues spécialisés en médecine sexuelle, psychiatres, psycho-sexologues, non-médecins pratiquant l'hypnose, la méditation ou le yoga, sans parler des guérisseurs en tout genre.

Deux spécialités sont bien structurées : l'urologie et la médecine sexuelle, laquelle essaie de « s'autonomiser » dans le fourre-tout du qualificatif « sexologie ». À première vue, le sexologue pourrait être le généraliste des troubles sexuels. Sauf qu'il n'est pas nécessairement docteur en médecine, et, dans ce cas, il n'est pas habilité à prescrire. Et même s'il est médecin, le sexologue n'a reçu qu'une formation limitée, dans son cursus, sur les troubles de l'érection. En effet, sur une formation d'à peine trois ans, l'enseignement des troubles de l'érection occupe un strapontin : 10 % des soixante-dix à quatre-vingts heures d'enseignement de la deuxième année.

Il n'est d'ailleurs pas inintéressant de s'interroger sur les termes de « sexologie », de « sexualité » et de « troubles sexuels ». Sur le strict plan sémantique, être sexologue – néologisme contractant sexe et *logos* –, c'est parler de sexualité. Alors, tout le monde est sexologue… En fait, on a enfermé une vraie pathologie dans un concept élargi. Pour les uns, c'est un moyen de minimiser l'importance des troubles de l'érection, pour les autres, l'opportunité de les englober dans une idéologie psychanalytique délétère. Combien de patients, souvent jeunes, ont affronté un parcours tortueux avant qu'on leur découvre une pathologie organique accessible à un traitement efficace ? Et combien, plus nombreux encore, attendent dans le désespoir et la dépréciation d'eux-mêmes que le diagnostic d'une vraie maladie soit porté ? En tout état de cause, nombre de sexologues médicaux ne sont pas compétents pour prendre en charge les troubles de l'érection.

L'objection s'applique également au terme « andrologie », substantif formé en miroir de « gynécologie ». L'andrologue bénéficie d'une formation, le plus souvent complémentaire au diplôme d'urologie, et d'une habilitation par l'Ordre des médecins. À ce titre, l'andrologie englobe toute la pathologie génitale dans laquelle, là encore, les troubles de l'érection occupent une place assez limitée, même si les cours dispensent une connaissance plus approfondie du pénis. Le souci est qu'ils omettent d'enseigner à leurs élèves l'importance de l'exploration vasculaire pour établir un diagnostic précis. Dès lors, comment s'étonner que de nombreux patients souffrant de troubles de l'érection n'y trouvent pas leur compte ? Jusqu'en 2020, il n'existait aucune formation universitaire ou post-universitaire spécifiquement dédiée aux troubles de l'érection !

Selon notre expérience, il nous semble que le médecin généraliste devrait être le premier de cordée. Or, soit il n'ose pas « en parler », soit il n'en a pas le temps. Généralement il s'en sort avec une prescription de « pilules bleues » ou en dirigeant son patient vers un spécialiste, préférentiellement un urologue, parfois un sexologue. Nous avons eu l'occasion d'en discuter avec des généralistes. Ce qui ressort le plus souvent est l'absence de formation spécifique. En clair, ils n'y connaissent rien. Ce qui nourrit une double défiance conduisant à l'évitement. Le médecin, mal à l'aise avec le sujet, ne l'abordera pas. Le patient, lui, n'osera pas trop en parler, surtout s'il est face à une femme médecin. Grave erreur d'appréciation : les médecins de sexe féminin s'intéressent plus intensément à ce sujet que ceux de sexe masculin. Mais comment les patients pourraient-ils le savoir ?

H. en est l'exemple vivant, elle qui depuis plus de trente ans s'investit dans l'exploration des troubles de l'érection. À la question souvent posée de la difficulté potentielle d'examiner l'intimité masculine et de l'exposition à des sollicitations ambigües, elle répond très simplement : « Quand, le matin, j'enfile ma blouse de médecin, j'oublie que je suis une femme, et les patients le ressentent car cela n'a jamais été un problème pour moi. Le pénis est un organe qui doit être examiné au même titre que le cœur, les poumons ou les vaisseaux sanguins. Il mérite mon attention scientifique. Quant aux éventuelles sollicitations sexuelles, il y en a eu certes, mais pas plus dans la vie professionnelle que privée. »

R. : L'essentiel, je pense, est de se sentir soi-même bien avec sa sexualité et, en tant que médecin, d'avoir pour seul objectif le bien-être de ceux qui consultent. Peu à peu le tabou s'atténue. Ce qui ne m'empêche pas de garder en mémoire la surprise de ceux qui s'étonnent que je me consacre à un sujet aussi trivial, pour lequel j'avais abandonné la prestigieuse chirurgie cardiaque.

H. : Dans la même veine, j'ai eu droit aux jeux de mots salaces sur mon patronyme, pensés en silence, évoqués à demi-mot et exposés au grand public sur Canal+[92]. L'affaire a donné lieu à une décision de justice en ma faveur, mais elle est signifiante du tabou, de la gêne, du non-dit qui entourent ces questions des troubles de l'impuissant, toujours matière à rire. Pourtant, plus nous avançons, plus je pense que l'hypocrisie s'efface devant l'efficacité de ce que nous faisons.

Un autre facteur complique la prise en charge des troubles de l'érection par les médecins généralistes : le manque de temps dont ils disposent pour une consultation, vu la faiblesse de la rémunération de base, qui a été de nouveau bloquée jusqu'à la fin de 2023. Les propositions actuelles de la CNAM ne laissent guère espérer une amélioration de la situation, et ne sont pas susceptibles de pousser beaucoup de jeunes vers ce métier magnifique. Le patient qui consulte pour un trouble de l'érection risque d'allonger une journée déjà trop remplie…

Alors vers qui se tourner? Encore une fois, soit vers un urologue, soit vers un sexologue, soit vers un médecin (quelle que soit sa spécialité) qui s'intéresse réellement aux troubles de l'érection et qui pourra ainsi au moins orienter le patient de façon efficace. Sinon il aura droit à une prise en charge à peine plus approfondie que celle du généraliste

---

92. Lors d'une émission diffusée en 1998, un humoriste, ou prétendu tel, avait rapproché le patronyme de H. et l'étude des troubles de l'érection, suscitant des réflexions graveleuses. Mandaté par H., l'avocat Richard Malka avait obtenu un dédommagement de Canal+ et un non-lieu au Conseil de l'Ordre qui avait critiqué la mention non réglementaire de l'activité pour les troubles de l'érection.

débordé. D'autres interlocuteurs pourraient être les médecins ou chirurgiens en charge de pathologies qui produisent de nombreux cas d'impuissance. Malheureusement, on l'a vu, ceux-là sont le plus souvent aux abonnés absents : diabétologues, neurologues, cancérologues, médecins et chirurgiens vasculaires ont depuis longtemps déserté le sujet. Comme si la vie sexuelle de leurs patients était secondaire, voire inutilement encombrante. C'est particulièrement vrai en cancérologie. Qu'ils soient consécutifs aux chirurgies ou aux effets secondaires des traitements médicaux, les si fréquents troubles de l'érection sont un facteur aggravant du désarroi induit par le cancer. L'amélioration de la qualité de l'érection, la possibilité de reprendre ou de conserver une vie intime satisfaisante améliorent considérablement la « qualité de vie » des sujets et des couples qui luttent contre le « crabe ».

On souhaiterait ne plus entendre certains spécialistes se réfugier derrière leurs succès thérapeutiques, laissant le « guéri » impuissant, par un « vous savez, je vous ai maintenu en vie… alors "ça", c'est secondaire ».

Que dire également du silence assourdissant des diabétologues dont on sait que 50 % des patients auront tôt ou tard, en moyenne après une dizaine d'années d'évolution de la maladie, des érections défaillantes. Un travail réalisé en Île-de-France en 2011[93], dans un service prenant en

93. Arnaud Tardieu, *et al.*, « Attitudes des médecins généralistes et endocrinologues face à la dysfonction érectile du patient diabétique : enquête auprès de 130 patients », *Progrès en Urologie*, vol. 21, n° 2, février 2011, p. 126-133.

charge les diabétiques, a montré combien ces spécialistes se sentaient assez peu concernés par le problème. Et ceux qui l'étaient se trouvaient malgré eux extrêmement limités dans leurs interventions. Sur 130 patients diabétiques, 66 % se plaignaient d'une dysfonction érectile. Parmi ceux-ci, 88 % souhaitaient un traitement que seuls 11 % d'entre eux avaient reçu. Ces chiffres se passent de tout commentaire au regard du fossé entre la demande des patients et la prise en charge effective !

On pourrait encore mentionner de nombreuses pathologies en neurologie ou en cardiologie, dont les patients souffrant d'érections défaillantes sont menacés plus précocement que la population générale. Une étude en cours, déjà évoquée, révèle la fréquence des lésions des artères coronaires, lorsqu'on les cherche, quand l'échographie doppler montre une atteinte de la vascularisation du pénis. C'est ce qui rend indispensable une interrogation sur la santé sexuelle dans tout examen médical de routine ou de « check-up ». De nombreux travaux scientifiques l'indiquent, mais presque rien n'est fait en pratique courante, et encore moins enseigné. La création récente, à notre initiative, d'un diplôme universitaire consacré aux troubles de l'érection (voir ci-dessous) trouve un écho dans la sphère universitaire et publique[94].

94. Une étude extensive du lien entre dysfonction érectile et facteurs de risque vasculaire est en gestation à l'hôpital européen Georges-Pompidou.

Assembler les pièces du puzzle érectile

Les troubles de l'érection ont bénéficié en quarante ans, entre 1980 et 2020, de progrès extraordinaires. La disponibilité d'un traitement simple a ralenti et même stoppé la recherche clinique. Ceux qui s'occupent de la dysfonction érectile sont restés à la traîne, en ignorant en particulier les causes vasculaires et neurologiques et l'existence de solutions efficaces. L'absence de transversalité y est sans doute pour beaucoup, les pièces du puzzle étant éparpillées dans des boîtes différentes et sans modèle véritable pour les assembler.

La fonction érectile doit être évaluée en tant que telle et non pas noyée dans une interrogation vague sur la vie sexuelle et affective. C'est l'objectif du questionnaire que nous avons conçu. Ce questionnaire devrait être largement diffusé par les généralistes, comme par les spécialistes. Les données épidémiologiques, aisément recueillies par l'informatique, pourraient être traitées par l'Assurance maladie. Quand un trouble de l'érection est décelé ou affirmé, une consultation spécifique ultérieure devait lui être consacrée avant toute approche thérapeutique, suivant un algorithme construit à partir des données recueillies.

Le médecin vasculaire formé aux troubles de l'érection est la plaque tournante du dispositif, car il est habilité à coupler le test d'érection avec un examen d'échographie doppler dont les données sont standardisées. Idéalement, il appartient à une structure dévolue aux troubles de l'érection ou travaille au sein d'un réseau. Il peut aussi agir à la demande de professionnels autres ayant intégré la maladie dans leur pratique courante : urologues, chirurgiens vasculaires, diabétologues, andrologues, spécialistes en médecine sexuelle ou psychiatres, par exemple. En effet, n'importe quel médecin qui souhaiterait se spécialiser dans ce domaine précis peut se former et devenir le leader d'une structure pluridisciplinaire dédiée.

Les résultats de l'échographie avec test d'érection pharmacologique sont définis dans un second algorithme : soit on a déterminé une étiologie vasculaire, artérielle et/ou veineuse et on proposera la poursuite des investigations avant un traitement; soit le test a montré que la restitution des érections était possible avec un traitement médical simple, et il sera prescrit.

Nous sommes là bien sûr dans une structure très spécialisée. Encore faut-il qu'elle existe. L'une de nos actions, en particulier effectuée par H., est de former des médecins vasculaires déjà diplômés ou pendant leur cursus universitaire, à l'évaluation, validée par notre expérience et nos publications sur les troubles de l'érection. Cet enseignement s'accompagne de stages et de la participation à des réunions pluridisciplinaires sur le sujet.

Au-delà, nous ambitionnons de développer[95] une plateforme qui contiendrait l'ensemble des informations nécessaires au diagnostic, dont les datas seraient traitées par l'intelligence artificielle afin de guider les décisions thérapeutiques et de préparer les interventions chirurgicales grâce à la technique des jumeaux numériques, qui permet la création d'un avatar de

95. La société 3dverse a développé avec nous une technique de lecture 3D des caverno-scanners pour l'évaluation des fuites caverno-veineuses.

chaque patient[96]. Un tel outil, multilingue, serait disponible pour tous ceux qui voudraient prendre en charge cette pathologie.

Des centres consacrés aux troubles de l'érection

Question fréquente : « Existe-t-il dans ma région des structures comme la vôtre ? » Réponse négative, même si çà et là des médecins, souvent des urologues à compétence andrologique, font des consultations spécialisées en sus de leur activité généraliste en urologie et en infertilité. Ils sont tout à fait minoritaires dans le pays, et incomplets dans leur approche. La création de centres consacrés aux troubles de l'érection est indispensable. Il en faudrait au moins un par région, avec une organisation transversale recouvrant trois ou quatre spécialités : urologie, médecine vasculaire, neuro-psychiatrie, et éventuellement médecine interniste à tendance endocrinologique. Pourraient s'y rattacher un kinésithérapeute spécialisé, et un psycho-sexologue. Ces centres travailleraient en réseau avec des médecins vasculaires et formés aux troubles de l'érection, eux-mêmes coopérant avec l'ensemble des médecins leur adressant les patients dépistés. Compte tenu de la spécificité de cette pathologie qui confine à l'intimité de la vie, ces structures, qu'elles soient publiques ou privées, doivent être discrètes et bien identifiables, ce qui dans l'organisation actuelle de l'hôpital public posera nécessairement

96. « Metaverse pour les jumeaux numériques des patients », séance de l'Académie nationale de chirurgie du 23 mars 2022, en libre accès sur le site de l'Académie.

des problèmes. En tout état de cause, il faudra s'habituer à travailler avec des réseaux véritables, sur ce modèle à trois étages. Se pose alors le problème de la formation.

Une formation adaptée

Bien sûr, tous ceux qui s'intéressent à la question, et les médecins les premiers, déplorent l'absence de toute formation à l'anatomo-physiologie de l'érection comme aux troubles de l'érection, dans le cursus classique des études médicales. Conscientes de ce manque, diverses structures, chacune dans son domaine propre, proposent divers diplômes spécialisés, mais aucune ne se concentre spécifiquement sur l'érection. Sans doute faut-il agir au niveau de l'ensemble du cursus. Une fois ces changements obtenus, il faudra au moins sept ans pour voir des jeunes médecins mieux formés à la prise en charge de l'impuissance. C'est pourquoi nous avons créé sans plus attendre, à la Sorbonne, un diplôme universitaire consacré à la prise en charge des troubles de l'érection. Ce cursus diplômant a commencé début 2021 et permet de couvrir, en un an, tout le champ des dysfonctionnements de l'érection. Un examen écrit et oral et un mémoire valident ce nouveau diplôme, qui a vocation dans l'avenir à devenir inter-universitaire et à être reconnu par le Conseil national de l'Ordre des médecins. Il s'adresse à des médecins déjà diplômés souhaitant acquérir une formation approfondie pour la prise en charge des troubles de l'érection. Cette formation complémentaire donc, qui est à la fois péri-universitaire et post-universitaire, devrait pallier le manque flagrant de vrais spécialistes, et, espérons-le, susciter des vocations pour la création de centres spécialisés. Au bout de deux ans, une première structure a été créée à Caen, une autre est en cours de création à Dijon, et cette année, nous formons des spécialistes francophones venus de pays étrangers. La promotion 2023 se compose de quatre médecins vasculaires, quatre urologues et un cardiologue. Ils viennent de France, de Grèce, de Suisse et du Sénégal. À notre grande satisfaction, nous voyons aussi nos premiers diplômés se regrouper par affinités pour mettre en place à leur tour des centres spécialisés.

Le nerf de la guerre

Une telle organisation devrait s'inscrire dans le cadre général de l'offre médicale de notre pays. Comme évoqué plus haut, on se heurte, pour promouvoir une médecine de qualité, à une question économique sur la place des troubles de l'érection : médecine de confort à la charge de ceux qui en sont atteints, ou partie prenante des pathologies usuelles donnant « droit » à une prise en charge par la CNAM et les mutuelles. Actuellement, le système est bâtard : les implants, très coûteux, sont pris en charge, mais le remboursement des honoraires des chirurgiens qui les posent sont très faibles. L'échographie doppler avec test d'érection provoquée est réservée, selon la réglementation de la CNAM, aux médecins ayant eu une formation adéquate, sans qu'il soit précisé laquelle. De plus, dans la nomenclature, la chirurgie vasculaire des fuites caverno-veineuses est presque ignorée, l'injection intracaverneuse elle-même ne donne pas lieu à honoraires pour celui qui la pratique ou l'enseigne à son patient. Alors qu'un tel geste, à titre diagnostique ou thérapeutique, nécessite au minimum une heure avec un équipement sophistiqué. Lorsque nous pratiquons cet examen, après quinze ans d'étude et une remise à niveau permanente, le tarif dit « de responsabilité », en clair, remboursable, est de 69,93 euros… À mettre en parallèle avec les tarifs pratiqués par des professionnels d'autres secteurs économiques.

Autrefois, la modicité de ces émoluments était amortie par la possibilité de dépassement d'honoraires raisonnable par les médecins du secteur II, dit à honoraires libres, c'est-à-dire qu'ils pouvaient fixer un supplément ne dépassant pas trois fois le tarif opposable. Mais rares sont ceux qui ont accès à ce secteur que la politique n'en finit pas de vouloir supprimer. Il permet pourtant une médecine plus efficace et finalement moins coûteuse, comme l'attestent plusieurs études, le reste à charge étant compensé partiellement par les mutuelles ou les assurances privées complémentaires. La médecine des troubles de l'érection est lente parce qu'elle est complexe et entre dans l'intimité des personnes atteintes. Elle est peu adaptée à ce système boiteux qui a permis à la CNAM, depuis plusieurs dizaines d'années, de n'avoir actualisé que très insuffisamment les tarifs dits opposables. Le diagnostic et le traitement des dysfonctions érectiles font aussi appel à des techniques nouvelles, que l'on ne retrouve pas dans la nomenclature officielle des actes médicaux, qui se renouvelle beaucoup plus lentement que les progrès.

Pris en tant que tels, les tarifs de consultation des médecins libéraux spécialistes ou généralistes se rapprochent de ceux des professions artisanales moins réglementées et nécessitant de moins longues études, et sont ridiculement bas comparés à ceux des avocats, experts-comptables, avoués, huissiers, etc.

Une réflexion globale sur l'économie de la santé est indispensable. Elle se heurte au tabou de la « gratuité » des soins.

Le lecteur peut penser que nous nous sommes éloignés du problème des troubles de l'érection. En fait, cet aspect participe à la qualité souhaitée de la prise en charge de ce problème particulier. Et comme le disent les entraîneurs des équipes de rugby après une défaite cuisante, il faut revenir aux fondamentaux. C'est ce que nous conseille notre ami le professeur Alain Serrie, le grand spécialiste français de la douleur : « Vous devez évaluer le coût global socio-économique des troubles de l'érection pour faire prendre conscience aux politiques de la nécessité de la prise en charge cohérente d'un tel problème. » Certes, l'épidémiologie est maintenant connue, le risque vital individuel mieux approché, mais pas le nombre de journées de travail perdues par les dépressions larvées induites ou générées par le manque d'érection ; sans parler des violences perpétrées par de jeunes hommes entravés par les interdits religieux, l'acculturation ou le désespoir causé par leur handicap. Et sur le versant positif, on retrouve les gains de qualité de vie obtenus par notre approche préventive des maladies cardio-vasculaires, laquelle, généralisée, pourrait générer des économies importantes pour la santé publique.

Quatre pistes solides pour que chacun puisse se traiter : une égalité d'accès aux soins semblable à ce qui est pratiqué pour les pathologies chroniques ; un traitement équivalent à ce qui se fait pour les séquelles des grands brûlés, les mastectomies post-cancer, la chirurgie transgenre[97], et maintenant le Covid long ; la même prise en charge vis-à-vis du droit à la procréation en termes de bilans de fertilité et de PMA ; une adaptation en conséquence de la nomenclature et du tarif opposable des consultations et examens nécessaires, ce qui entraînera une revalorisation des actes diagnostiques et thérapeutiques. Les bases économiques d'une telle prise en charge sont faciles à déterminer. Pour ceux que cela intéresse, nous les avons indiquées en note[98].

Déjà, un premier pas serait de revenir sur cet avis du Comité national d'éthique qui rangeait cette pathologie

97. La chirurgie transgenre, dont nombre d'indications sont contestables, est totalement prise en charge par l'Assurance maladie sur la base d'une simple lettre d'un psychologue (non-médecin, donc).

98. Nous évoquons ici la prévalence de la dysfonction érectile dans la population générale et dans les pathologies exposées comme le diabète, avec les coûts socio-économiques induits par l'absence de prise en charge (arrêts de travail, dépressions, violences). Pour éviter les prescriptions abusives (de confort), voici les dysfonctions érectiles admissibles à une prise en charge par la collectivité : dysfonction érectile résistant aux traitements pharmacologiques oraux, à condition qu'elle soit validée par un test pharmacologique fonctionnel et/ou neurologique ; dysfonction érectile nécessitant un traitement pharmacologique par injection intracaverneuse, chirurgie micro-vasculaire ou implants avec éventuellement chirurgie réparatrice ; dysfonction érectile liée à des pathologies connues comme les induisant : cardio-vasculaires, diabète, cancer, maladies neurologiques. Un comité d'experts, sous l'égide d'une académie (de médecine ou de chirurgie) pourrait être porteur de ce projet devant les autorités de santé.

dramatique au rang des pathologies de confort, comme si une pathologie même bénigne pouvait être confortable. Se réfugier, pour ne pas prendre en charge cette maladie véritable, derrière le paravent de ceux qui utilisent les médicaments pour améliorer leurs érections par ailleurs normales, est pour le moins spécieux. La justesse de notre démarche finira bien par convaincre.

CHAPITRE 9

Pour une véritable écologie de l'érection

« Tu as l'impression d'avoir volé quelque chose à la mort. »

Belinda Cannone[99]

Aujourd'hui, malgré des milliers de travaux scientifiques, le tabou autour de la fonction érectile et les dogmes du type « 90 % des impuissances sont d'origine psychologique » ont encore force de loi.

Le 10 novembre 2020 se déroulait la consultation de synthèse, autrement dit le compte rendu des résultats de l'évaluation pluridisciplinaire de Régis C., 49 ans. Ce quadragénaire traîne des difficultés d'érection depuis l'adolescence. Conclusion : anomalies vasculaires sévères. Seule une intervention chirurgicale pourra les réparer. On évalue les chances de succès. En consultation, Régis « refait le match » de sa vie : les déceptions, les doutes, la rupture avec la mère de ses enfants, en grande partie due à ses érections instables et

99. Belinda Cannone, *op. cit.*

aujourd'hui devenues insupportables. Bien sûr, il a beaucoup consulté et entendu de multiples « ne vous inquiétez pas, ça va s'arranger… », a eu droit à des séances de « reconditionnement de son comportement ». Mais que voulez-vous reconditionner avec un pénis désespérément mou ? « Enfin, après toutes ces galères, vous me donnez des réponses précises et l'espoir de guérir. Vingt-cinq ans de perdus. »

Consultation suivante : c'est un nouveau patient dans la même tranche d'âge, qui racontera une histoire identique. Comme dans notre premier chapitre, une journée ordinaire…

Quarante ans après nos premiers travaux et leur consécration américaine, il faut toujours convaincre et ne pas s'arrêter à l'acquis. Le vendredi suivant, nous irons avec Éric Allaire, le chirurgien qui a pris la suite de R. en salle d'opération, à l'amphithéâtre d'anatomie de l'Assistance publique-Hôpitaux de Paris, pour étudier de nouvelles solutions à des problèmes encore à résoudre. H. améliore sans cesse la technique d'évaluation. À chaque idée ou constat nouveau, un protocole est mis en place pour en tester l'efficacité. Nous soignons aussi, et chaque cas enrichit notre expérience clinique. Comme nous l'avons appris d'Hippocrate et de ceux qui l'ont suivi, nous œuvrons pour offrir le meilleur de la connaissance médicale à celui qui vient nous exposer sa souffrance.

Oui, nous avons établi des certitudes nouvelles, mais pour ne pas les ériger en dogmes, nous voulons qu'elles évoluent avec l'expérience acquise et les apports de la technique sans cesse améliorée. Nos recommandations d'aujourd'hui ne seront pas forcément valides demain. Ce que nous souhaitons transmettre et enseigner, c'est une approche méthodologique épousant les lois fondamentales de la médecine qui, rappelons-le avec Canguilhem[100], est un art appuyé sur des outils scientifiques : observer, diagnostiquer avant de traiter. La vraie médecine, c'est quand on parle avec les patients.

Pour eux et pour tous ceux qui ne sont pas ou mal traités, il est temps de recenser, pour conclure et justifier notre combat, ce que nous appelons les certitudes et les bienfaits de l'érection.

Vous trouverez ici ce que nous ont appris les patients, bien plus que les « sachants ».

- **L'érection est le support essentiel de la masculinité**

Et ce, à tout âge. Elle apparaît très tôt dans la vie intra-utérine, permettant aux échographistes de prévoir le sexe de l'enfant. Sa vigueur rassurera les parents en dehors de toute préoccupation comportementale jusqu'à la puberté avec deux étapes essentielles : les orages hormonaux à l'âge de 5 ans et à l'adolescence, avec la progression anatomique du pénis. La publicité actuelle qui est faite sur la possibilité pour l'enfant de choisir son sexe (pardon, son genre) par-dessus la réalité biologique, est tout bonnement criminelle et participe à la déconstruction de la société. Les essais cliniques réalisés en Suède se sont révélés catastrophiques et ont été interrompus. Il faut lire à ce sujet le livre *Dommages irréversibles* de Abigail Shrier, qui montre comment le corps des petites filles en particulier, car le changement de sexe

100. Georges Canguilhem, *Écrits sur la médecine*, Paris, Seuil, 2002.

les concerne surtout elles, est le dommage collatéral d'une guerre sexuelle insensée entre adultes[101]. Il est du devoir de tous, et c'est encore plus du nôtre, praticiens spécialisés, de dénoncer cette folie génératrice de drames sans fin, sans ignorer les rares cas d'aberration chromosomique conduisant à une indétermination sexuelle, autrefois appelé hermaphrodisme. Comme le note encore Camille Paglia[102] : « Bien que l'on doive respect légal à toute personne qui cherche à glisser d'une position à l'autre… Changer de sexe est scientifiquement impossible puisque chaque cellule de notre corps est inflexiblement codée comme mâle ou femelle de la naissance à la mort. »

L'érection et son maintien deviendront ensuite le support de l'harmonie sexuelle indispensable à l'équilibre individuel, sans parler de celui du couple, quel que soit son objet. Le constat de sa vigueur à l'âge mûr et même plus tard (« les matins triomphants », de Victor Hugo) concourt à maintenir la joie de vivre. A contrario, sa faiblesse voire sa disparition sont pour celui qui en est affecté le signe indiscutable de son vieillissement, de sa mise à la retraite au sens étymologique du terme.

H. : Tu cites souvent l'exemple de cet homme à qui tu avais installé un implant pénien dix ans auparavant et qui se disait très satisfait, alors qu'il ne s'en était jamais servi. Mais alors? Réponse : « Vous ne pouvez pas savoir comme c'est bon de savoir qu'on peut. »

—

101. Abigail Shrier, *Dommages irréversibles*, Paris, le cherche midi, 2022.

102. Camille Paglia, *op. cit.*

R. : Oui. C'est cette certitude de l'érection durable que permettent les traitements. C'est cette suppression de l'angoisse de l'échec, consubstantielle à son existence même, qui est fondamentale dans la démarche diagnostique et la panoplie thérapeutique que nous proposons.

- **L'automaticité rêvée de l'érection**

Elle est son talon d'Achille et source d'incompréhension car, on l'a vu, la physiologie ne répond pas à la volonté. Une sensibilisation dès le jeune âge est indispensable pour expliciter non seulement le « je bande donc je suis », mais aussi le « je ne bande pas toujours quand je le souhaite le plus ». La grande peur est là. C'est elle qui est responsable de toutes les angoisses fondées sur la méconnaissance de la physiologie, et c'est elle qui génère les échecs répétés et souvent le repli sur soi et l'isolement. Cet état de fait, commun à toutes les civilisations et inhérent à la condition masculine, est la source de sa fragilité. Il a été bien magnifié par les interdits édictés par les religieux, et en particulier en Occident par les trois religions du Livre. La plupart des catholiques et des juifs s'en sont émancipés sauf orthodoxie minoritaire, mais pas les musulmans, au sein desquels les jeunes sont terrifiés par la peur du ratage nuptial. Le message, encore une fois, est que la médecine offre aujourd'hui tous les outils pour vaincre cette peur. Elle permet l'inversion de la spirale de l'échec par la réussite immédiate.

- **L'interface cerveau-pénis est fondamentale**

Elle a été longtemps obscurcie par des a priori caricaturaux qui ont laissé des traces prégnantes. Le classement sans suite des plaintes médicales pour troubles de l'érection des plus jeunes notamment, avec le tampon indélébile estampillé « c'est dans la tête », tolérable au siècle dernier, ne l'est plus aujourd'hui. Les travaux pionniers du regretté Serge Stoléru[103] sur les aires cérébrales impliquées dans l'érection ou la non-érection, ainsi que les nôtres montrant comment on efface la crainte de l'échec par la certitude de l'érection, obligent à renoncer, sauf cas exceptionnels, aux explications œdipiennes. **Il n'y a pas de guérison psychique de l'impuissance sans certitude de l'érection.**

- **La vieillesse ne doit plus être un naufrage sexuel**

Une prise en charge pluridisciplinaire permet la conservation du potentiel érectile. Il faut chasser le spectre de Romain Gary et du titre de son dernier livre en référence à l'impuissance qui l'a conduit au suicide[104] : il n'y a plus d'autre « limite au ticket » sexuel que celle que l'on s'impose soi-même. À un jeune journaliste qui demandait à Clint Eastwood le secret de sa longévité l'acteur et réalisateur répondit : « *I never let the old in*[105]. » Notre expérience montre que la notion dogmatique de retraite sexuelle obligatoire

---

103. Serge Stoléru, *Un cerveau nommé désir : sexe, amour et neurosciences*, Paris, Odile Jacob, 2016.

104. Romain Gary, *op. cit.*

105. « Je ne laisse jamais le vieillard entrer en moi. » (Traduction libre des auteurs).

avec l'âge est à géométrie variable. Très nombreux sont ceux qui viennent réclamer assistance après quinze, voire vingt années de disette affective et sexuelle. Cela nous conduit à mettre en exergue un facteur, sans doute ringard aux yeux de certains, et peu mesurable (encore que) : l'amour. Après des années de jachère, le cerveau du désir s'est endormi. La production d'hormones s'est amenuisée et les flèches de Cupidon frappent dans une sorte de vide apparent, que la restitution de l'érection va combler. Tous nos patients l'affirment, c'est un retour inespéré à une existence pleine. « Vous avez changé ma vie ! »

- **Le droit à une vie sexuelle pour les rescapés de lourdes maladies ou d'accidents de la vie**

La vie sexuelle est la grande oubliée de nombreux traitements médicamenteux ou chirurgicaux. On l'a vu, les rares études qui y sont consacrées montrent combien les patients tiennent à la conservation ou à la restitution de l'érection, alors que les thérapeutes ne prennent pas, ou si peu, cette demande en considération. Notre ambition est de faire disparaître ce mépris qui est contraire à l'éthique médicale.

- **La sérénité de la certitude de l'érection**

Éducation et médecine sont complémentaires. Les hommes sont loin d'être, dans leur ensemble, les prédateurs sexuels tant décriés aujourd'hui. Sur la dizaine de milliers de patients à qui, avec ce qu'autorise l'injection intracaverneuse, nous permettons de dépasser les possibilités de leur physiologie naturelle, aucun n'a été visé par une enquête pour agression sexuelle. Que déclarent-ils en général ? « Oh, vous savez, docteur, ma compagne me dit qu'elle n'a jamais été aussi heureuse ! »

Ceci n'exonère en rien les viols collectifs utilisés comme armes de guerre, ni les agressions individuelles, notamment dans les couples. Cependant, dans ce dernier cas comme dans la violence croissante, notamment des jeunes, et leur propension à s'alcooliser fréquemment, il faudrait plutôt étudier l'incidence de l'insatisfaction sexuelle, mesurer la prévalence des troubles de l'érection et les prendre en charge.

- **La complicité sexuelle**

Tout au long de ce livre, il a été question des femmes. Elles sont évidemment les partenaires les plus fréquentes du jeu sexuel. Nous employons à dessein le mot « jeu », car la sexualité doit être ludique même si on traite une anomalie ou un déficit. Les partenaires, femme ou homme, sont bien sûr essentiels dans l'obtention de l'harmonie sexuelle. Les réactions de « l'autre », homme ou femme, face à une défaillance de l'érection peuvent aller de l'encouragement au rejet total. Une fausse idée, très répandue, est celle du lien direct entre érection défaillante et absence d'amour : « Si tu n'arrives pas à bander, c'est que tu ne m'aimes pas… ou plus. » On a vu que le surcroît d'émotion chargée d'adrénaline induit par le désir amoureux est capable d'annihiler les intentions les plus sincères. Là encore, nos traitements viennent facilement à bout de ces cas fréquents.

C'est l'occasion d'insister sur l'essentiel. Pour le couple, il y a une indispensable nécessité de la complicité sexuelle, établie sur la connaissance de soi et de l'autre, dans les détails psychiques aussi bien que physiques. Bien des hommes nous disent ne pas savoir si leur femme jouit, encore moins comment. Bien des compagnes répliqueront que l'érection, c'est son problème à lui, basta. Misère !

- **Les femmes aussi !**

S'agissant du sexe féminin, la médecine ne pourra pas faire l'économie d'une démarche en miroir de celle que nous préconisons ici pour les hommes. Elles aussi souffrent d'impuissance, sans que le mot ne s'applique réellement à elles. Frigidité, dit-on. Les manuels de sexologie dénombrent quatre grands groupes de troubles : douleurs lors des rapports, absence ou perte du désir, excitation faible, hypo ou anorgasmie. Volontiers rangés, surtout pour les trois derniers, au rang des « troubles psychologiques », ils méritent une étude pluridisciplinaire, laquelle est encore moins développée que pour les hommes.

Il convient, avant toute chose, d'arrêter de penser que la ménopause marque l'arrêt de toute vie sexuelle. « Vous savez, docteur, en plus ma femme n'est plus intéressée. Elle est en pleine ménopause. » On apprendra ainsi, lors de cette consultation, qu'un traitement simple et sans risque, le THS (Traitement hormonal substitutif) a été refusé à cette femme ou que, commencé, il a été interrompu sous le prétexte fallacieux d'un risque cancérigène très largement surévalué. Voire qu'il ne lui a jamais été proposé. À l'instar de la supplémentation en testostérone, le THS n'est malheureusement préconisé que par un nombre restreint de gynécologues. Or, mis en place une fois la ménopause installée, il permet aux femmes d'éviter les conséquences néfastes de la privation d'œstrogènes : ostéoporose, dépression, diminution du désir sexuel, vieillissement de la peau et atrophie des organes sexuels. Bien plus, une étude anglaise récente[106], menée sur 1 718 femmes de plus de 50 ans, a montré que celles qui étaient sous THS présentaient un meilleur aspect cérébral à l'IRM et de meilleurs tests cognitifs. Le THS est suspecté de favoriser la survenue de cancers du sein et des maladies cardio-vasculaires. Des craintes infondées. En revanche, le confort de vie induit par le THS participe de l'harmonie affective et sexuelle du couple.

R. : La méfiance des patients vis-à-vis des traitements impose parfois de se mettre en scène : « Mais vous savez, je les utilise moi-même sans inconvénient depuis des années. » C'est un argument qui porte.

Un médecin militaire rencontré au hasard d'un dîner de congrès, et avec qui nous échangions sur le sujet, nous rapportait ce qu'il avait tiré de son expérience de généraliste durant quinze années dans le civil : « La masculinité, c'est fragile comme du cristal, une petite fêlure dans l'érection et le verre se brise… »

Dès lors, comment construire les fondements d'une véritable écologie de l'érection ?

---

106. Étude publiée dans la revue *Alzheimer Research and Therapy* en janvier 2023, citée par *Fréquence médicale.*

Éduquer et informer sans parti pris

Nous recommandons une information sexuelle tôt dans l'enfance, fondée sur la connaissance anatomique, physiologique et psychique. Ce qui permettrait de repérer les fausses vérités, dont les sites et les forums de discussion sur Internet sont truffés, et même diffusées par des officines médicales ou paramédicales.

- Apprendre aux parents et aux enseignants, dès le primaire, à mettre les garçons comme les filles à l'abri des images pornographiques, délétères à l'époque du ressenti des premières émotions sexuelles, et du questionnement de son apparence et de son fonctionnement physique. Faire comprendre aux adolescents que le plaisir généré par une érection stable et durable n'est pas réductible à une performance calquée sur celles des acteurs de films pornos, mais qu'il implique activement le ou la partenaire avec qui on le vit.
- Le plaisir solitaire, parfois porté aux nues par certains sexologues, ne doit pas, bien sûr, être fustigé comme étant un « péché ». Il doit rester un moyen de « décompresser », un désir qui ne peut se réaliser autrement, ou une sorte d'outil de vérification de la qualité de son érection. Il doit être combattu quand il devient compulsif, engendrant une addiction véritable, nuisible à l'activité sexuelle.
- L'érection doit être protégée de ses ennemis physiques et psychiques, et en premier lieu, « les tueurs silencieux

de l'érection[107] ». Beaucoup sont évitables : le tabac, auquel il convient d'ajouter le cannabis dont la nocivité est trop souvent minimisée; l'alcool, dont Shakespeare dans *Macbeth* dit si bien « qu'il accroît le désir, mais empêche sa réalisation »; et la surcharge pondérale. Chacun de ces *sex killers* entraîne aussi une aggravation des maladies comme le diabète, l'hypertension artérielle ou l'excès de graisse dans le sang (hypercholestérolémie et hypertriglycéridémie). Au niveau psychique, le stress généré par le travail, les conflits affectifs ou simplement la peur de « ne pas être à la hauteur » est, on l'a compris, un ennemi redoutable, destructeur, tant au niveau cérébral que pénien. Sa gestion passe essentiellement par l'information et l'éducation tôt dans l'existence.

- L'érection doit être replacée dans le contexte global de la sexualité humaine, avec sa double casquette, celle de la reproduction et celle, spécifique de notre humaine nature, vecteur de plaisir quand l'acte sexuel est consenti. Protéger la qualité de son érection, c'est sans nul doute prolonger un équilibre de vie, et même sa vie tout court, tant une bonne érection est le signe d'une bonne santé générale, en permettant la poursuite d'une activité sexuelle épanouie tard dans l'existence. L'érection est indispensable à l'équilibre individuel comme à celui du couple.

---

107. Ronald Virag, *Le Sexe de l'homme*, *op. cit.*

Nous avons conçu cet ouvrage comme un manifeste fondé à la fois sur des témoignages recueillis au jour le jour et des données scientifiques sans cesse actualisées.

L'indispensable dialogue avec ceux qui souffrent est illustré par ces courriers quotidiens qui nous parviennent parfois du bout du monde. Alternance d'espoirs et de situations jugées désespérées, ils entretiennent notre volonté de faire que « l'amour sans le sexe » ne soit plus qu'un mauvais souvenir.

Paris et Boisse-Penchot, 2020-2023.

POSTFACE DE RICHARD VILLET

Président de la Fondation
de l'Académie nationale de chirurgie
Membre de l'Académie nationale de médecine

Quand Ronald Virag m'a demandé de rédiger une postface à cet ouvrage, plaidoyer *pro domo* pour en finir avec l'impuissance, je l'ai lu et relu avec attention. En finissant ma lecture, je m'interrogeais : que rajouter à ce texte qui aborde les troubles érectiles sous toutes leurs facettes avec un œil critique et une expérience de terrain considérable, puisqu'il leur a consacré toute sa vie au point de vérifier sur lui-même l'effet érectile de l'injection intracaverneuse de papavérine ?

La fonction érectile est une fonction naturelle, comme il en existe d'autres qui nous permettent de vivre et de profiter de notre condition humaine. Mais celle-ci est bien particulière, et c'est ce que nous fait comprendre l'engagement de Ronald Virag et de sa compagne Hélène Sussman. Certes, elle n'est pas vitale comme le sont la respiration ou la circulation, mais à les lire elle le devient : « Je bande donc je suis », écrivent-ils en paraphrasant Descartes et en ajoutant : « Si je ne bande pas, je ne suis plus un homme… et pourtant je vis toujours. » La finalité de la fonction érectile est difficile à analyser. Au cours de la phylogénèse, à sa fonction initiale permettant, comme le définit l'OMS, au sexe masculin de maintenir une rigidité suffisante pour accomplir de manière satisfaisante un acte sexuel dont le but est d'assurer la reproduction et, par-là, la survie de l'espèce, s'est ajoutée la notion de plaisir. Ainsi, l'érection a ouvert très vite la porte à l'érotisme avec, à l'excès, ses aspects triviaux et pornographiques, qui illustrent volontiers une virilité extrême à l'origine des dérives de masculinité outrancière expliquant sans doute les campagnes actuelles de #balancetonporc !

À part les fonctions vitales, la perte de la plupart des autres fonctions se compense parfois fort bien, comme en témoigne l'exploit de certains qui en sont atteints. Mais la disparition de la fonction érectile peut-elle se compenser, et une vie épanouie est-elle possible avec une sexualité modifiée ou absente ? Je ne saurais répondre à une telle question, mais les témoignages rapportés dans ce texte sur la science de l'érection semblent bien montrer que l'absence d'érection soit difficilement compatible avec une vie tout court.

La fonction érectile est sous un triple commandement : hormonal, vasculaire et neurovégétatif. Cet aspect neurologique, s'il n'est pas expressément volontaire, subit l'influence inhibitrice ou facilitatrice du cerveau et, de ce fait, explique que depuis longtemps, en raison d'interprétations psychologiques simplistes, le dysfonctionnement de la fonction érectile a été attribué en premier au cerveau. Dans cet ouvrage, Ronald Virag et sa complice Hélène Sussman rappellent que le désir et le bon fonctionnement cérébral ne suffisent pas pour avoir une érection correcte et que devant un trouble érectile, avant de proposer un simple traitement médicamenteux comme le Viagra, une exploration rigoureuse s'impose. En raison de son caractère multifactoriel et quelque peu tabou pour les raisons évoquées ci-dessus, cette exploration et la prise en charge qui en découle ne sont pas simples, car les spécialistes ayant une vue globale sont rares.

Souhaitons que leurs propositions pour développer cette spécialité soient prises en compte pour le bénéfice de tous ceux qui souffrent d'un tel dysfonctionnement, qu'il soit primitif ou secondaire.

ANNEXE

Questionnaire Q30

Docteur Ronald VIRAG
Docteur Hélène SUSSMAN

QUESTIONNAIRE PRÉLIMINAIRE SOUMIS AU SECRET MÉDICAL

Le questionnaire est strictement réservé à l'usage des médecins du Centre. Répondez aussi précisément que possible. Si des questions vous dérangent n'y répondez pas et vous vous en entretiendrez avec le médecin lors de la consultation.

Nom :	**Prénom :**
Date de naissance :	**Âge :**
Actif	**Retraité**

Profession : (à indiquer même si retraité)

SITUATION FAMILIALE ACTUELLE :

☐ **MARIÉ** ou **PACSÉ** depuis combien de temps :

☐ **DIVORCÉ** depuis combien de temps :

☐ **REMARIÉ** ou **PACSÉ** depuis combien de temps :

☐ **VEUF** depuis combien de temps :

☐ **CÉLIBATAIRE** ☐ vit seul ☐ vit accompagné·e

Âge de l'époux·se ou de la/du partenaire habituel·le :

Nombre et âge des enfants :

Qui vous a recommandé de nous consulter ?

1. Décrivez brièvement votre trouble sexuel et son importance dans votre vie, et ce que vous souhaitez obtenir en venant consulter.

2. À quel âge avez-vous eu vos premiers rapports :

Ces premiers rapports ont-ils été :

☐ Très satisfaisants ☐ Satisfaisants ☐ Passables

☐ Décevants ☐ Impossibles

3. Depuis quand avez-vous des difficultés sexuelles :

☐ Toujours ☐ Plus de 10 ans ☐ Entre 5 et 10 ans

☐ Entre 2 à 5 ans ☐ De 1 à 2 ans ☐ Moins de 1 an

4. Rattachez-vous le début de vos troubles sexuels à un évènement précis de votre vie ?

☐ Non
☐ Oui, lequel ?

5. La survenue du trouble a-t-elle été :

☐ Brusque
☐ Progressive

6. Parmi les troubles mentionnés ci-dessous, quels sont ceux que vous reconnaissez comme les vôtres ?

PLUSIEURS RÉPONSES POSSIBLES

– Est-ce une difficulté à obtenir une érection :	oui non
– Est-ce une difficulté à la maintenir :	oui non
– Les deux :	oui non
– Est-ce une absence de désir de l'acte :	oui non
– Est-ce une absence de plaisir :	oui non
– Est-ce une éjaculation trop rapide :	oui non
– Est-ce une déformation :	oui non
(questionnaire spécifique à remplir après la question 30)	
– Est-ce une question de dimension du pénis :	oui non
– Le(s) trouble(s) est (sont)-il(s) :	permanent(s) occasionnel(s)

7. Avez-vous actuellement une activité sexuelle avec partenaire ?

☐ Oui ☐ Non

Si non, depuis combien de temps l'avez-vous interrompue :

☐ Moins d'1 an ☐ De 1 à 2 ans
☐ De 2 à 3 ans ☐ Plus de 3 ans

Si oui, quelle est la fréquence des rapports sexuels (y compris les tentatives non satisfaisantes) :

☐ Chaque jour ☐ 1 fois tous les 10 jours
☐ 3 à 4 fois par semaine ☐ Moins d'1 fois par mois
☐ 1 fois par mois ☐ 2 fois par semaine
☐ 1 fois par semaine ☐ 1 fois tous les 15 jours

8. L'érection et les possibilités de pénétration varient-elles avec certaines positions ?

☐ Oui ☐ Non

9. Est-ce que la peur de ne pas réussir limite l'activité sexuelle ?

☐ Oui ☐ Non

10. Limitez-vous votre activité sexuelle pour d'autres raisons ?

☐ Oui ☐ Non

Lesquelles ?

11. Notez la qualité de votre érection de 1 à 4, <u>en vous imaginant debout</u>, indiquez la position habituelle de la verge et sa dureté à l'aide du schéma ci-joint :

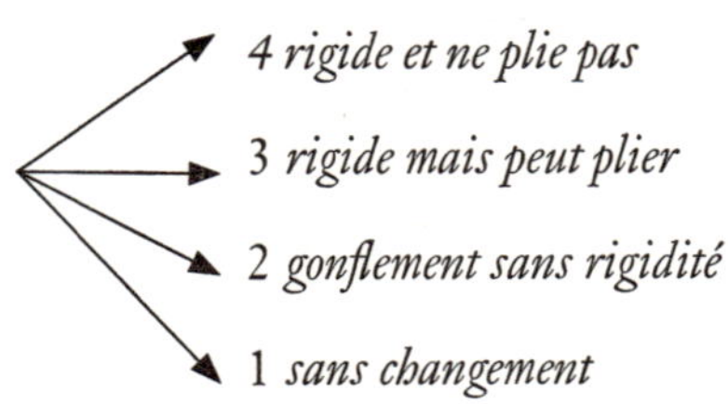

- **Lors des érections nocturnes ou matinales** :
- **Lors de la masturbation** :
- **Lors de l'activité sexuelle** :

12. Questionnaire IIEF5

Merci de répondre aussi précisément que possible à ce questionnaire qui explore la qualité de vos érections. **Chaque question a plusieurs réponses possibles : inscrivez dans la case le chiffre qui correspond à la réponse décrivant le mieux votre état actuel. Ne sélectionnez qu'une seule réponse par question posée.**

	Jamais (ou presque jamais)	**Rarement** (beaucoup moins qu'une fois sur deux)	**Quelquefois** (à peu près dans la moitié des cas)	**Très souvent** (beaucoup plus souvent qu'une fois sur deux)	**Toujours** (ou presque)	**NOTE CHOISIE**
1 – À quelle fréquence êtes-vous capable d'avoir des érections lors de l'activité sexuelle ?	1	2	3	4	5	
2 – Lors de l'activité sexuelle, à quelle fréquence vos érections sont-elles assez rigides pour la pénétration ?	1	2	3	4	5	
3 – Quand vous essayez d'avoir un rapport, à quelle fréquence êtes-vous capable de pénétrer votre partenaire ?	1	2	3	4	5	

	Jamais (ou presque jamais)	**Rarement** (beaucoup moins qu'une fois sur deux)	**Quelquefois** (à peu près dans la moitié des cas)	**Très souvent** (beaucoup plus souvent qu'une fois sur deux)	**Toujours** (ou presque)	**NOTE CHOISIE**
4 – Pendant le rapport sexuel, à quelle fréquence êtes-vous capable de maintenir l'érection après la pénétration ?	1	2	3	4	5	
	Difficulté extrême	**Très difficilement**	**Difficilement**	**Difficulté légère**	**Sans difficulté**	
5 – Pendant le rapport sexuel, avec quelle difficulté maintenez-vous l'érection jusqu'à la réalisation complète de l'acte ?	1	2	3	4	5	
SCORE						

13. L'érection et les possibilités de pénétration varient-elles avec certaines positions ?

☐ Oui ☐ Non

14. Lors des rapports éjaculez-vous ?

☐ Oui ☐ Non

Lors de l'éjaculation, la verge est-elle :

☐ Rigide ☐ Semi-rigide ☐ Molle

15. Avez-vous une sensation de plaisir ?

☐ Oui ☐ Non

Si oui :

☐ Très intense ☐ Moyenne

☐ Intense ☐ Faible

16. À votre avis, l'éjaculation vient-elle :

☐ Normalement ☐ Un peu rapidement

☐ Difficilement ☐ Beaucoup trop tôt

17. Avez-vous eu, ou avez-vous actuellement une maladie grave ?

☐ Oui ☐ Non

Si oui, laquelle ou lesquelles :

18. Êtes-vous diabétique ?

☐ Oui ☐ Non

Si oui, depuis quand ?

Quel traitement ?

19. Y a-t-il des diabétiques dans votre famille ?

☐ Oui ☐ Non

20. Êtes-vous hypertendu (tension artérielle élevée) ?

☐ Oui ☐ Non

Depuis quand ?
Comment êtes-vous traité ?

21. Avez-vous fait un infarctus cardiaque ?

☐ Oui ☐ Non

Des angines de poitrine ?

☐ Oui ☐ Non

22. Avez-vous des crampes dans les mollets à la marche ?

☐ Oui ☐ Non

Si oui, au bout de combien de temps ?

23. Avez-vous subi des interventions chirurgicales ?

☐ Oui ☐ Non

Si oui, lesquelles ? Dates ?

24. Votre problème sexuel vous paraît-il en rapport avec l'une de ces interventions ?

☐ Oui ☐ Non

25. Avez-vous fait une dépression nerveuse ?

☐ Oui ☐ Non

Si oui, quand ?

Avez-vous un traitement pour la dépression actuellement ?

☐ Oui ☐ Non

26. Fumez-vous ?

☐ Oui ☐ Jamais fumé
☐ Non ☐ Arrêt (date)

Si oui :
Depuis combien d'années ?
Nombre de cigarettes par jour ?
Nombre d'années de tabac ?

26 bis. Prenez-vous du cannabis ?

☐ Oui ☐ Non

D'autres produits ? Si oui lesquels ?

27. Prenez-vous habituellement des médicaments ?

☐ Oui ☐ Non

Si oui, lesquels ?

28. Citez les traitements déjà mis en œuvre pour votre trouble sexuel :

Dates et résultats :

29. Y a-t-il des questions que vous auriez aimé que l'on vous pose, ou des problèmes à soulever qui ne l'ont pas été ?

☐ Oui ☐ Non

Si oui, lesquels ?

30. En définitive, si vous deviez passer le reste de votre vie dans la situation actuelle, le considériez-vous comme :

☐ Peu invalidant et supportable ☐ Très invalidant et peu supportable ☐ Invivable

Taille ? (en cm)
Poids ?

REMERCIEMENTS

À nos complices, Éric Allaire, Jean Floresco, Sylvain Ordureau, Pascal Hauet, Marie Audoin, Christophe Crul, Roger Moyou-Mogo, Sandrine Lombion, avec qui nous forgeons quotidiennement les données du contenu de cet ouvrage.

À Élisabeth Kertesz, Hervé Desinge, Benjamin Honig, Alain Serrie, Jean-Paul Meningaud, Richard Villet, dont les critiques constructives et les suggestions ont transformé cet ouvrage et en ont fait ce qu'il est.

À Marjory, collaboratrice efficace et dévouée, ayant succédé à Catherine, sa maman et formatrice qui fut à nos côtés durant quatorze années.

À nos élèves du nouveau diplôme universitaire sur les troubles de l'érection (Paris VI, Sorbonne médicale), qui nous stimulent tant.

À tous nos patients, témoins et acteurs de cette aventure.

À l'Académie nationale de chirurgie, qui a toujours accueilli et soutenu notre démarche et en particulier ses présidents et ex-présidents : Henri Bismuth, Richard Villet, Philippe Marre et Albert-Claude Benhamou.

À Olivia Recasens, qui a pris le risque de publier ce livre et qui par ses conseils et son travail éditorial l'a considérablement amélioré et en a fait une belle aventure humaine.

Enfin, un grand merci aux équipes du Cherche Midi.

Cet ouvrage a été achevé d'imprimer sur Roto-Page
par l'Imprimerie Floch à Mayenne en octobre 2023
N° d'édition : 17918/01 – N° d'impression : 103414
Imprimé en France